絶対役立つ
教育相談

学校現場の今に向き合う

藤田哲也 監修
水野治久・本田真大・串崎真志 編著

ミネルヴァ書房

目　次

第0章　はじめに …………………………………………………… 1
——教育相談を学ぶ意味

1 教育相談とは……1

2 教育相談のエッセンスと対象……4

3 これからの教育相談……6

4 教師にならない人，教師になるかどうか迷っている人へ……7

コラム 0-1：「音楽室は秘密基地」　9

第1章　生徒理解のための心理学 …………………………… 11
——理論と実際の双方向からの多面的理解

1 生徒理解における心理学の重要性……11

2 学校心理学に基づく生徒理解……12

3 発達心理学に基づく生徒理解……15

4 臨床心理学に基づく生徒理解……17

5 生徒を多面的に理解する……19

コラム 1-1：生徒理解の情報共有　20

第2章　アセスメント ………………………………………… 25
——多面的に子どもを理解する視点と方法

1 児童生徒理解とは……25

2 心理検査……28

3 アセスメントの実践例……33

4 アセスメントの留意点……34

コラム 2-1：行動観察に基づくアセスメント　27

コラム 2-2：WISC-Ⅳの合成得点と信頼区間　29

第3章　カウンセリング ……………………………………… 39
──信頼関係を築き，子どもを援助する方法

1 学校カウンセリングとは……39

2 学校カウンセリングの実践例……45

3 学校カウンセリングの今後……48

コラム 3-1：教師がカウンセリングで活用するスキル　42

第4章　コンサルテーション ……………………………… 55
──よりよい指導・援助のための協働

1 コンサルテーションとは……55

2 コンサルテーションの実践例……56

3 コンサルテーションの実際的問題……60

コラム 4-1：チームとしての学校　63

第5章　ソーシャルスキル教育 ………………………… 69
──人間関係を広げ，深める援助の方法

1 ソーシャルスキル教育とは……69

2 ソーシャルスキル教育の実践例……71

3 ソーシャルスキル教育の今後……76

コラム 5-1：予防的・開発的教育相談の様々な方法　73

目　次

第6章　ストレスマネジメント教育 ……………………………81
──様々なストレスに対応する力の醸成

1 ストレスマネジメントとは……81

2 ストレスマネジメント教育の実践例……84

3 ストレスマネジメント教育と異職種間のコラボレーション……89

コラム6-1：ストレスはつねに悪者なのか?!　87

第7章　キャリア教育 …………………………………………95
──自分らしい生き方を作り上げるために

1 キャリア教育の基礎理論……95

2 キャリア教育の実践例……98

3 キャリアに関する青少年の現状とキャリア教育の今後……102

コラム7-1：有意義な職場体験学習を行うために
──子どもの職業希望の特徴　99

第8章　不登校・中途退学 ……………………………………107
──子どもたちの登校を支える工夫

1 子どもたちの不登校・中途退学をめぐる状況……107

2 校内での連携によって支援を行った実践例……110

3 今後の不登校・中途退学に対する支援の方向性……115

コラム8-1：別室登校における支援　113

第9章　いじめ …………………………………………………119
──適切な実態把握と予防・対応に向けて

1 「いじめ」の意味と学校における実態・様相……119

2 いじめの予防・対応の実践例──子ども主導の取組……125

iii

3 いじめ問題のこれから……129

コラム 9-1：介入優先度を探るいじめ指標とは　124

第10章　発達障害 …………………………………………………137
　　　　　──子どもの発達特性を踏まえた理解と援助

1 発達障害とは……137

2 発達障害の支援の工夫……140

3 特別支援教育……142

4 特別支援教育の実践例……144

コラム 10-1：自閉スペクトラム症とオキシトシン　141
コラム 10-2：障害者に関する法令　143

第11章　学校の危機管理 ……………………………………………153
　　　　　──子どもの安全を守る予防と対応

1 学校危機とは……153

2 学校危機への対応の実際……155

3 学校の危機管理に関する課題と今後の展開……162

コラム 11-1：トラウマ反応と心理教育　159
コラム 11-2：教師の対応の基本
　　　　　　──サイコロジカル・ファーストエイド　161

第12章　学級経営による子どもの援助 …………………………167
　　　　　──問題行動と学級崩壊を予防する

1 日本の学校における「学級」とは……167

2 学級が崩壊しないために──相反する二つの役割遂行……169

3 学級集団の発達……171

目　次

4 学級経営の実践例——学級崩壊を防ぐ……174

　コラム 12-1：Q-U とは？　172

編者あとがき

監修者あとがき

さくいん

■**トピックス〈教育相談の現場〉**■

①セクシュアル・マイノリティの児童生徒の理解と支援　23

②傾聴の力　52

③教師とスクールカウンセラーの連携

　——学校におけるチーム支援と多職種協働　66

④コンパッション教育　93

⑤スマホのいじめ　134

⑥子どもの精神障害　149

⑦児童虐待　165

⑧授業のユニバーサルデザイン

　——どの子も「できる・わかる」授業づくりをめざす　179

v

第0章 はじめに
——教育相談を学ぶ意味

　この本のテーマは，「教育相談」です。教育相談は教師による子どもへの援助を意味します。教育現場は依然として不登校やいじめ，学級崩壊など様々な課題を抱えています。しかし，こうした課題は我が国の教育現場だけが抱えているのではありません。多くの国で同様の問題が指摘されています。私たちは，教育が難しい時代を迎えているとも言えます。こうした教育現場の課題をじっくり考えてみると，それは私たちの今の時代の問題をそのまま反映しているとも言えます。子どもの背後には，子どもを支える家庭があり，またその背後には地域コミュニティ，そして社会があります。教育現場の課題を考えることは，今の私たちの足元で起こっている課題と向き合うことになるのです。市民として，この問題に目を背けずに，じっくりと向き合うことが大事だと考えています。

1 教育相談とは

1-1 子どもを援助する

　教育相談という単語から皆さんはどのようなことを連想されますか？　教育相談とは，教師によって教育場面で行われる子どもの援助活動を意味します。

　中学校学習指導要領解説（特別活動編）（文部科学省，2008）では，教育相談を個別指導の代表的な形態とし，「一人一人の生徒の教育上の問題について，本人又はその親などに，その望ましい在り方を助言することである」と説明しています。そして，「1対1の相談活動に限定することなく，すべての教師が生徒に接するあらゆる機会をとらえ，あらゆる教育活動の実践の中に生かし，教

育相談的な配慮をすることが大切である。また，生徒との相談だけでは不十分な場合が多いので『生徒の家庭との連絡を密に』することも必要である」と説明しています。

　この説明を読むと，**教育相談**は，教師による子どもの個別的な援助を基本にしながらも，教師と子どものあらゆる場面で応用されるものととらえることができます。教師は子どもとの人間関係のあらゆる場面で，子どもを支え，子どもの幸せのために何ができるかを考えることが必要とされています。6歳から18歳ごろまで続く学校生活の中で，いつも授業が面白く，学校に行くのが楽しいわけではありません。友達とケンカをしたり，仲間はずれにされたり，授業に興味がなく学校が嫌いで仕方がないこともあるかもしれません。こうした時期に教師が子どもを支え，保護者と連携しながら，子どもを導いていくことが昨今とても大事になっています。

1-2　社会のセーフティネットとしての教育相談

　教育相談は教師から見ると，子どもを支える実践ととらえることができますが，子どもから見てみると社会のセーフティネットの意味合いを帯びてきます。学校というのは，家庭の次に長く過ごす場所です。ご家族との関係で苦労された経験を持った読者もいらっしゃると思います。保護者に相談できないことを教師に相談することもあります。教師は子どもの近くにいる大人として，子どもを守っています。教師はウィークデイは毎日子どもを見ています。子どもの服装，表情，そして宿題の状況を把握することができます。

　子どもの状況の変化には家庭の変化が影響している場合があります。厚生労働省の児童相談所への**虐待**相談への経路について2015年に相談された103,260件のうち，学校等からの相談は8,180件であり，全体の8％でした。一番多い相談経路は，警察等（37％）で，その次は，家庭（8％）と学校等（8％）でした（厚生労働省雇用均等・児童家庭局総務課，2016）。虐待の児童相談所への相談件数の統計だけをみても，教師のかかわりは子どものセーフティネットであると言えます。日本の教師はこうした機能を果たし，またこれからも果たし続けて

いくと思われます。2015年に中央教育審議会から出された「チームとしての学校の在り方と今後の改善方針について（答申）」（中央教育審議会，2015a）の中に，「我が国の教員は，学習指導や生徒指導等，幅広い職務を担い，子供たちの状況を総合的に把握して指導を行っている。このような取組は高く評価されてきており，国際的に見ても高い成果を上げている」という一文があります。昨今，教師や学校，教育委員会についての批判的な報道がされることがありますが，総じて言うと日本の教師は，子どもの学習のみならず生活までも支えていると言っても過言ではありません。

1-3 集団づくりによる支援

では，我が国の教師はどのように子どもを支えてきたのでしょうか？ 一つは日本の学校の教師は**集団づくり**により子どもを支えてきたと言えます。とくに学級集団の中で子どもを支援していきます。教師は学級集団を基盤に学校行事を展開していきます。ですから，どちらかというと一人ひとりの子どもを個別的に見るカウンセラーの視点と教師の視点は異なるのです。教師が学級の中で子どもを支援する際は，つねに他の子どもとバランスを取りながら支援する必要があります。そのためには，教師が行う教育相談は学校や学級の中で行えるものでなくてはいけません。ニーズのある子どもをどう発見するのかも大事なポイントです。ニーズのある子どもが必ずしも助けを求めるわけではありません。教育相談は，**臨床心理学**と非常に近い関係にあります。しかしながら，子どもを治療するのではなく育てるという機能，カウンセラーではなく教師がその実践の中で教育相談をするという意味においては，臨床心理学とは異なります。心理学の教育場面への応用である**教育心理学**の一分野と位置づけられます。

2 教育相談のエッセンスと対象

2-1 教育相談の位置づけと役割

　さて，なぜこの本が生まれたのかという法的根拠についてお話ししたいと思います。現在，**教員免許**を取得しようとしたら，教職に関する科目の第4欄に「生徒指導，教育相談及び進路指導等に関する科目」という科目があり，「教育相談（カウンセリングに関する基礎的な知識を含む。）の理論および方法」という科目が必修となります。また，2015年12月，**中央教育審議会**からの答申に示された新しい教職免許法の改正のイメージでも，教育相談は「道徳，総合的な学習の時間等の指導法及び生徒指導，教育相談等に関する科目」の中に含まれます（中央教育審議会，2015b）。

　教育相談のミニマムエッセンスとは，やはり**カウンセリング**ということになると思います。ニーズがある子どもの話に耳を傾け，教師として可能な援助を実践していくということです。そこには子どもとの信頼関係が必要です。問題行動を繰り返し，教師との信頼関係の構築が難しい子どももいると思います。こうした子どもこそ支援が必要です。子どもを様々な場面で受け止め，学級経営の中で，学級の一人として支え，勉強を教えていくことが今の教師に求められています。これは，専門性の高い職業的な営みです。しかし，個別に児童生徒を支えるということだけでは，今の学校では効果的な援助ができません。と言いますのも，子どもが示す様々な課題は複雑化しているからです。

2-2 子どもは何に困るのか？

　学校において，子どもは何に困るのでしょうか？　対人関係の課題といっても些細な対人的なトラブルから，いじめ被害，加害といった問題まであります。そこにスマートフォンやインターネットが介在している事例も昨今多く報告されています。家庭での課題が影響していることもあります。

　勉強がわからない，学習に集中できないという困り感の背後には何があるのでしょうか？　学習の基礎が理解できていないという課題もあると思います。

また，学習以前の問題として，子どもの心身の健康が脅かされているかもしれません。生活の基盤が揺らぎ勉強どころではないのかもしれません。発達の偏りのために，計算したり，書いたりすることに困難を抱えているかもしれません。教師はこうした子どもの多様なニーズを，多方面から判断し，援助を提供します。そのための具体的な視点とヒントが本書の中にあります。

2-3 教育相談の対象者

では，教育相談の対象者は誰なのでしょうか？ **学校心理学**では子どもの支援を三層構造でとらえています（図0-1）。まず，困っている子どもたちの援助が教育相談の対象です。不登校やいじめ被害，発達障害による困り感です。こうした切迫したニーズを抱えた子どもを援助することを学校心理学では **3次的援助サービス** と言います。しかし学校には，今は困っていないが，近い将来，学校生活に躓く可能性が高い子どもも存在します。朝，遅刻を繰り返し，登校しぶりが出てきている子ども，学習意欲が低下し無気力な子ども，対人関係が上手くいかず，小さなトラブルが相次いでいる子ども，生活の基盤そのものが揺らぎはじめている子どもなどです。こうした子どもをいち早く発見し援助につなげることが大事です。将来の大きな躓きを予防します。これは **2次的援助**

図 0-1　三段階の心理教育的援助サービスの例
（出所）　石隈（1999），小野瀬（2016）を筆者が一部改変した

サービスと言います。子どもの援助ニーズを発見する教師の視点が必要です。

　また昨今，幼稚園から小学校，小学校から中学校，中学校から高校の学校間の移行がスムーズに進まない状況が散見されます。小学校，中学校，高等学校において，入学時の子どもたちがスムーズに適応できるようなプログラムを考えることが大事です。また，小学校から中学校に進学した場合には，友人同士の対人関係も変化してきます。こうしたすべての子どもを対象とした援助サービスを**1次的援助サービス**と言います。

　教育相談の対象は，困り感のある，3次的援助サービスの子どもを優先させなければなりませんが，予防的な活動を行う2次的援助サービスや，子ども集団全体の適応を高めていく1次的援助サービスも重要です。予防的・開発的なかかわりであるストレスマネジメントプログラムを学級で展開し，ストレス対処能力を高めることや，ソーシャルスキルトレーニングを導入し，子ども同士の人間関係の葛藤の解決能力を高めることも大事です。こうした取組により，子どもたちは，社会での生きる力を高めていけるのです。

3　これからの教育相談

3-1　教育相談コーディネーターとして

　2017年1月，文部科学省教育相談等に関する調査協力者会議による「児童生徒の教育相談の充実について──学校の教育力を高める組織的な教育相談体制づくり（報告）」という報告書が出されました。そこには，子どもを学校内，学校外の専門家と連携して支えることが再度，確認されています。そして，**チームとしての学校**を具現化するために，**スクールカウンセラー**，**スクールソーシャルワーカー**と連携して教育相談体制を確立することが謳われています。そのための役割として教師が**教育相談コーディネーター**を務めることが提案されています。これからの教育相談は，子どもの話をじっくり聞くということだけでは不十分で，校内の子どものニーズを把握し，適切な援助者につなげていくような力量が必要とされます。それは教師が，部屋の中で，子どもの話をしっか

6

第 0 章　はじめに

りと受けとめるという以上のものです。子どもの健康や経済状況，心の状態や発達の偏りも視野に入れて，**養護教諭**や**特別支援教育コーディネーター**につないだり，スクールカウンセラーやスクールソーシャルワーカー，教育センターや児童相談所，医療機関と連携します。これを一人でやるのではなく，校内の様々な立場の人と意見交換しながら進めていくことが必要です。もちろん，学級での支援や勉強面での支援など教師にしかできない支援も多くあります。担任として保護者とかかわることも大事なポイントです。

3-2 「指導」ではなく「援助」

　こうした学校現場の状況を知ってもらうために本書は編集されました。子どもの問題行動や不適応行動を「指導する」という立場から離れ，援助という視点でとらえてみたらいかがでしょうか？　問題行動を示す子どもの家庭が困難を抱えているケースも珍しくありません。また，発達障害の子どもについても理解し，教育センターや医療機関と連携することは，教育現場では，日常となりつつあります。危機的な状況に陥ったときにどう動くのかについては，危機介入・緊急支援の知見が蓄積されています。

　子どもを理解する方法としてのアセスメント，子どもを援助するカウンセリング，教師が専門家と協働する**コンサルテーション**，さらに予防的なアプローチである**ソーシャルスキル教育**，**ストレスマネジメント教育**に触れることにより，皆さんの教育相談のイメージが変わると思います。また，より教師の日常である学級経営を見ることにより，教育相談の考え方が教師の日常的な仕事にどのように組み込まれているかを理解できます。

4　教師にならない人，教師になるかどうか迷っている人へ

　本書は，教職科目「教育相談」の教科書です。この科目を履修している学生，大学院生，また教育相談について再度勉強したい現職教師を読者として想定し，編集されています。しかし一方で，教職を目指していない学生，教師になるか

7

どうか迷っている学生にも手にとっていただけるように作成しました。

　教師にはならないが，将来教育にかかわる仕事をしたいという人もいると思います。スクールカウンセラー，スクールソーシャルワーカーになろうと思っている人，予備校や塾，教科書出版会社など教育に関連の深い仕事に就きたいと思っている人にも役立つように編集されています。さらに，医療や福祉，司法の現場で働きたい人にとっても，学校との連携はキーワードとなっていますので役立つことが多いでしょう。

　また読者の中には，教師にもならない，関連した仕事にも興味がないという人もおられるかもしれません。その方々には，教育にかかわるのは，職業的な立場だけではないことを強調しておきたいです。学校は地域の中心であり，教育はすべての大人がかかわる必要があります。**コミュニティ・スクール**という考え方です。文部科学省（2016）は「コミュニティ・スクール」というパンフレットを出していますが，これからの学校は地域の人が積極的にかかわることが期待されています。保護者として，地域社会のメンバーとして学校にかかわる。当然，学校はどのように子どもを育んでいるのかを知ることはとても重要です。加えて，本書で取り上げられているいじめの問題は，日本だけの課題ではありません。今や世界中の教育関係者，行政関係者を悩ませています。一人の同時代を生きる市民として，今の学校をめぐる様々な課題について考えてみてください。教師の援助がなぜ届かないのか，家庭や地域の子育てで何が起こっているのか。このように考えていくと，本書は，教職免許を取得するという限定された意味だけではなく，この時代を生きる者として考えていかなければならない様々な教育における課題について，現象の先行研究のレビューと，実践が盛り込まれています。これを読んで，たとえば不登校やいじめなど，教育現場が直面している課題について理解してください。

　この本を読むことにより，教育とは何か，人を人が育て，育むとはどのようなことかを理解し，皆さんの生活と将来展望がよりいっそう充実したものになるなら，監修者，編者，執筆者のこの上ない喜びです。

第 0 章　はじめに

コラム 0-1 :「音楽室は秘密基地」

　この書籍の執筆中に，ふと NHK 教育テレビから「音楽室は秘密基地」(作詞・作曲：宮崎朝子) という曲が流れてきました。歌っているのは，最近，大学生に人気のある女性三人組ユニット SHISHAMO です。歌の内容は，小学生の転校生が音楽の先生に出会い，学校に適応していくというものです。題名の「音楽室は秘密基地」からわかるように，主人公が，音楽室での先生との交流によって自信を取り戻し，先生に憧れ元気になっていくというものです。『SHISHAMO 4』というアルバムに歌がおさめられていますから聞いてみてください。この「音楽室は秘密基地」では，先生は，転校生で新しい環境に馴染むのに苦労している主人公の子どもに，ピアノ，音楽室という装置で援助しています。歌にはストーリーがあり，最後は思わずグッときてしまいます。教師は子どもを援助できる素晴らしい仕事だと再認識するでしょう。

※参考：http://www.nhk.or.jp/minna/songs/MIN201702_01/(2017年 6 月 9 日閲覧)

◆アクティブ・ラーニング

　あなたが小学校や中学校のとき，教師とのかかわりで印象に残っていることを考えてください。また抵抗のない範囲で，周囲の人と，その体験をシェアしてみましょう。

もっと詳しく知りたい人のための文献紹介

水野治久・石隈利紀・田村節子・田村修一・飯田順子 (編著) (2013)．よくわかる学校心理学　ミネルヴァ書房

　⇒教師が子どもをチームで連携しながらどのように援助するかについて解説しています。トピックごとに編集されていますので，学校現場の様々な課題について，理解が深まります。

引用文献

中央教育審議会 (2015a)．チームとしての学校の在り方と今後の改善方策について (答申) http://www.mext.go.jp/b_menu/shingi/chukyo/chukyo0/toushin/__icsFiles/afieldfile/2016/02/05/1365657_00.pdf (2017年 5 月 1 日閲覧)

中央教育審議会 (2015b)．これからの学校教育を担う教員の資質能力向上について──学び合い，高め合う教員育成コミュニティの構築に向けて (答申)

http://www.mext.go.jp/component/b_menu/shingi/toushin/__icsFiles/afiel
dfile/2016/01/13/1365896_01.pdf（2017年5月1日閲覧）

石隈利紀（1999）．学校心理学――教師・スクールカウンセラー・保護者のチー
ムによる心理教育的援助サービス　誠信書房

厚生労働省雇用均等・児童家庭局総務課（2016）．平成27年度　児童相談所での
児童虐待相談対応件数〈速報値〉（平成28年8月4日）http://www.mhlw.
go.jp/file/04-Houdouhappyou-11901000-Koyoukintoujidoukateikyoku-
Soumuka/0000132366.pdf（2017年5月26日閲覧）

小野瀬雅人（2016）．学校心理学の方法　石隈利紀・大野精一・小野瀬雅人・東
原文子・松本真理子・山谷敬三郎・福沢周亮（責任編集）　日本学校心理学
会（編）（2016）．学校心理学ハンドブック［第2版］――「チーム」学校の
充実をめざして　教育出版　pp. 6-7.

文部科学省（2008）．中学校学習指導要領解説（特別活動編）http://www.mext.
go.jp/component/a_menu/education/micro_detail/__icsFiles/afieldfile/
2011/01/05/1234912_014.pdf（2017年7月18日閲覧）

文部科学省（2016）．コミュニティ・スクール――地域とともにある学校づくり
http://www.mext.go.jp/a_menu/shotou/community/school/detail/__ics
Files/afieldfile/2016/08/04/1311425_02.pdf（2017年5月1日閲覧）

文部科学省（2017）．児童生徒の教育相談の充実について――学校の教育力を高
める組織的な教育相談体制づくり（報告）http://www.pref.shimane.lg.jp/
izumo_kyoiku/index.data/jidouseitonokyouikusoudannjyuujitu.pdf（2017年
5月25日閲覧）

第1章 生徒理解のための心理学
——理論と実際の双方向からの多面的理解

教育相談において一人ひとりの子どもの理解が重要であることは言うまでもありません。しかし，教師が子どもを一面的にとらえて子どもの姿を決めつけてしまっては十分な理解はできず，その後の指導・援助も的を外してしまう可能性が高いでしょう。本章では子どもを理解する上で欠かせない心理学の基礎知識を，学校心理学，発達心理学，臨床心理学の点から解説し，多面的な理解の必要性を論じます。

1 生徒理解における心理学の重要性

日々の教育実践において，教師は子どもの様子に応じて，すぐにその場で何らかの指導・援助を行うことが求められます。休み時間や授業中といった限られた時間の中で，また指導・援助の対象となる子どもの周囲に他の生徒がいる（教師が何をして何を言うかを，多くの生徒たちに見られている）中での教師の対応は一つひとつが真剣勝負です。そこで教師は勘と経験によって子どもや状況を即座に理解し，対応することがあります。教師としての勘と経験があることで，様々な状況で瞬時に最適と思われる指導・援助を行いやすくなります。

しかし，この勘と経験のみに頼った指導・援助には注意が必要です。その理由は主に以下の三つです。第一に，同じ子どもや家庭は一つとしてありませんが，過去の経験に照らして対面している子どもを「わかったつもり」になってしまう恐れがあるためです。教師が「わかったつもり」になる一方で子どもは

11

「わかってもらえない」というすれ違いが生じると，教師と生徒の信頼関係を築くことが難しくなります。第二に，時代はつねに変化しており，また子どもの家庭生活も多様であることから（外国籍，貧困，ひとり親家庭など），教師の経験だけでは対応しきれない課題が学校現場に数多くあるためです。第三に，教師個人の経験や価値観の中だけで子どもをとらえ，理解しようとしてしまう危険性があるためです。生徒を理解するときに，教師が「この子にはこういうところがある」と思う側面は見えやすい反面，その見方に合致しない子どもの情報は見落とすかもしれません。つまり，教師の勘と経験のみに頼った子ども理解では，今ここにいる特定の子どものありのままの姿をとらえにくくなります。

　そこで，心理学などの科学的な知識を裏付けとしたり，科学的な検討方法，研究方法を知ることで自分の指導・援助を客観的に振り返ったりすることが必要です。心理学を知ることは，教師個人の思いこみや価値観に偏らずに生徒を理解することを助けるでしょう。

　生徒理解に必要で，かつ役立つ心理学の知見は数多くありますが，ここではその入り口として，学校心理学，発達心理学，臨床心理学の一端を解説します。

2 学校心理学に基づく生徒理解

2-1　学校心理学の定義

　学校心理学とは「心理学と学校教育の融合をめざす学問であり，心理教育的援助サービスの実践と理論を支える体系」であると定義されます（石隈，2013）。

　心理教育的援助サービスとは「一人ひとりの子どもが学習面，心理・社会面，進路面，健康面などにおける課題の取り組みの過程で出会う問題状況への対処や解決，および危機の予防や対処を援助する活動」のことであり，教育の価値観に沿って（学校教育の一環として）行われる心理学的援助（一人ひとりの子どもに焦点を当てた援助）を意味します（石隈，2013）。そして，心理学的援助サービスは従来の学校教育における「学習支援」，「生徒指導・教育相談」，「特別支援教育」，「学校保健」などに共通する「子どもの苦戦を援助し，学校生活の質の

第1章　生徒理解のための心理学

向上をめざして，子どもの成長を促進する活動」であるとされます（石隈，2013）。したがって，心理教育的援助サービスとは学校における様々な指導・援助の総称ととらえてよいでしょう。

2-2　学校心理学の基礎概念

　子どもの学校生活の質を高めるための心理学的援助サービスの方法にはアセスメント，カウンセリング，コンサルテーション，コーディネーションなどがあり，教育相談においても重要な方法です。本書の中でもこれらのテーマが取り上げられています。

　学校心理学では子どもの情報を以下の五つの領域に整理し，お互いに重なり合い，影響し合うものととらえます（石隈，1998；石隈・田村，2003）。

- 学習面：学習の意欲や習慣，学習スタイル，学力・成績などの学習生活
- 心理面：情緒面やストレス対処などの自分とのつきあい方
- 社会面：友人・教師・家族など人とのつきあい方（人間関係）
- 進路面：趣味，特技，価値観などの生き方・あり方の自己選択・自己決定
- 健康面：体力や健康状況などの主として身体的な健康

　各領域におけるよいところ（**自助資源**）と援助が必要なところ（**援助ニーズ**）について情報収集し整理することで，子どもの学校生活の全体像をとらえやすくなり，具体的な指導・援助を考える上での有益な情報を得ることができます。たとえば，子どもが学習面で抱えている課題（例：英語が苦手で勉強する意欲がわかない）を解決するにあたって，学習面の援助（その生徒にあった勉強方法を教えるなど）に加えて，生徒の社会面の自助資源（人懐っこく誰にでも臆することなく話しかけられる，人とかかわることが好きである）と進路面の自助資源（観光地にある実家のお店を継いで商売することが将来の目標である）を生かした援助（外国からの観光客が多いため，学年相当の英単語の読み書きよりも簡単な接客や挨拶を英語教師に教えてもらい，土日に店に来た外国の人に英語で話しかけてみてはどうか，それが勉強する意欲につながるかもしれない，など）も提案できます。このように，学校心理学は生活全体を見通して子どもの情報を収集し，具体的な援

助案を立案するための理論的枠組みを提供します。

◆アクティブ・ラーニング
　今のあなた自身のよいところ（自助資源）と援助が必要なところ（援助ニーズ）について，学校心理学の5領域の観点から情報を整理してみましょう。もし友人に見せてもよければ，友人から見たあなた自身の情報を追加してもらいましょう。

2-3　生徒理解における学校心理学の有用性

　生徒を理解するときに，教師は「どのような生徒であるか」と考え，把握している情報から生徒像を描き出します。しかし，教師は自らの経験から生徒理解の枠組みを有しており，その特定の側面から子どもをとらえてしまう危険性があります。

　そこで，教師なりにとらえている生徒の情報を出した後に，理論的枠組みとして学校心理学の5領域の自助資源と援助ニーズの方から子どもを見ると，教師が把握していない領域（たとえば，進路面の自助資源，健康面の援助ニーズ，など）が浮かび上がります。それらの点は教師の経験の中で生徒をとらえる視点として持っていなかった側面かもしれませんし，たまたまその生徒の情報として有していないだけかもしれません。いずれにせよ，生徒理解を深める上で重要な点が見えてきます。

　不足している情報を得るには他の教師に聞きます。たとえば，英語が得意な生徒なら英語の教科担当教師に生徒の進路面について知らないか尋ねたり，養護教諭に生徒の健康面で気になるところがないか尋ねたりすることで生徒理解が深まるでしょう。教師に見えていなかった領域に生徒の課題が見つかったり，反対に生徒の課題解決のために活用しうる生徒自身の良さや強みが見つかったりするかもしれません。このように，教師の有する情報から生徒理解を構築するとともに，学校心理学という理論の側から生徒を把握することで，生徒理解が深まると言えます。

　以上より，生徒理解における学校心理学の有用性は，「子どもの問題状況の

第 1 章　生徒理解のための心理学

解決をめざすうえで，今現在の生活全体から網羅的に情報を収集し，具体的な援助案を立案すること」であると言えます。

3　発達心理学に基づく生徒理解

3-1　発達心理学の定義

　発達心理学とは「年齢に関連した経験と行動に見られる変化の科学的理解に関する学問」であり，生涯を通した発達を説明することをめざす学問です（バターワース＆ハリス，1997）。かつての発達心理学は発達を「完成体」に向かうことだと考えて「成人になるまで」を扱いましたが，現在では生涯発達という観点から，成人期や老年期などを含む人の一生の変化過程が検討されるようになりました。生涯発達心理学は人間が生涯という長い時間的経過の中でどのように変化していくかを記述し，説明することをめざします（やまだ，1998）。

3-2　発達心理学の基礎概念

　一般に，6〜12歳ころの小学校段階にあたる時期は**児童期**と呼ばれ，**第二次性徴**から身長の伸びが止まるまでの時期を**思春期**と呼びます。思春期は身体的成長によって規定されるため個人差が大きいですが，おおよそ中学・高校段階ととらえるとよいでしょう（保坂，1998）。保坂（1998）は第二次性徴を迎えた子どもが精神的にも親から自立するにはまだ時間がかかり，精神的な自立を迎えるまで依存（甘え）と自立（反抗）が入り混じった両価的態度が続くとし，この不安定な時期を乗り切るためには不安を共有できる仲間関係が重要になると指摘しています。言い換えれば，それまで近くにいて安心できた親（身近な大人，養育者）という存在から距離を置くことで生じる不安を仲間と強く結びつくことで解消するのが思春期の人間関係の特徴といえます。

　児童期から思春期，青年期の仲間関係の発達について，保坂（1998）は児童期後半（小学校高学年）ごろの**ギャング・グループ**（同一行動による一体感が重んじられ，一緒に遊ぶ者が仲間であると考えられ，大人がやってはいけないということ

を仲間と一緒に行うような同性同輩の集団），思春期前半（中学生）ごろによく見られる**チャム・グループ**（同じ関心やクラブ活動などを通じて関係が結ばれ，互いの共通点や類似性を言葉で確かめ合うことで一体感を得る同性同輩集団で，どちらかといえば女子に特徴的），思春期後半（高校生）ごろの**ピア・グループ**（互いの価値観や理想・将来の生き方などを語り合い，共通点・類似性だけでなく異質性をぶつけ合って認め合い，違いを乗り越えたところで自立した個人として尊重し合う，性別も年齢も幅広い集団），という三つの発達段階を提示しています。そしてこれらの仲間関係が発達援助を促進するとしています。

また，思春期は様々なことで悩む時期であり，とりわけ自分自身（自己）に関する悩みは**アイデンティティ**の確立の問題としても扱われます。アイデンティティとは「私は他の誰でもない私であるという感覚」であり，青年期の自己に関する悩みはアイデンティティの確立にかかわる問題であるとされます（浦上，2004）。自己の悩みは人生の中で何度も生じ，解決されるものではなく，悩み考えた末にとりあえずはっきりとした自分というものを引き受けていくことで悩みを乗り越えていくことになります（浦上，2004）。生徒に悩みを相談されたとき，現実的な対応で解決できる悩みであれば教師として適切に対応し，自己に関する悩みであれば明確・明解な解決を急がずに生徒に寄り添って一緒に考える存在として相談を受ける姿勢があるとよいでしょう。

3-3 生徒理解における発達心理学の有用性

発達心理学は一人ひとりの発達の個別性を前提としながらも，各年代における心理の傾向や特徴を解明してきたと言えます。教育相談において一人ひとりの理解が重要であることが強調されますが，思春期・青年期の発達心理学的特徴を知ることは生徒の一般的，全体的な傾向を把握する上で役立ちます。

飯田（2013）も述べているように，運動面や知的側面，言語面などの様々な側面において，どの段階でどの程度のことができるのが平均的か（定型的発達の範囲）を把握することができなければ，そこからのズレに気づくことはできないでしょう。また，援助ニーズの高い子どもの中には個人間で比較した際に

第1章　生徒理解のための心理学

全般的な知的発達の遅れがあったり，個人内の特定の領域に発達の偏りがあったりする子どもがおり，学校生活上の困難さの背景にこれらの特性があることに教師が気づけることが重要です。発達心理学の知識はこれらの点において生徒理解にとって欠かせません。

　それらの一般的な傾向や特徴を知った上で個々の生徒を見ることで，生徒の個別性や独自性をより鮮明にとらえることができるでしょう。発達心理学の知識を子どもに当てはめて生徒理解をするのではなく，「人間の一生という時間の中で思春期を生きている子ども」という見方，とらえ方から子ども理解を深めることに意義があります。たとえば今現在の生徒が示す様々な不適応を，現在の個人と環境の相互作用から理解することに加えて，その生徒の過去から現在の発達の経過の中で経験してきたこと，経験してこなかったことを読み取ることで生徒理解が深まります。そのような視点が発達心理学を生かした援助につながるでしょう。

　まとめると，生徒理解における発達心理学の有用性は「当該年代の子どもたちの一定の傾向や普遍性を意識しながら，一人ひとりの子どもの個別性を見ることで，発達上のその子どもらしさや課題を把握し援助すること」にあると言えます。

4　臨床心理学に基づく生徒理解

4-1　臨床心理学の定義

　下山（2003）は米国心理学会による**臨床心理学**の包括的定義を「科学，理論，実践を統合して，人間行動の適応調整や人格的成長を促進し，さらには不適応，障害，苦悩の成り立ちを研究し，問題を予測し，そして問題を軽減，解消することをめざす学問」と紹介しています。臨床心理学は，人間の行動の維持発展に関する科学的探求と，人間の苦悩を生み出す状況を改善し問題を解決する専門的援助実践の二つを大きな柱とした学問です。

4-2 臨床心理学の基礎概念

　臨床心理学で扱うテーマは様々であり，たとえばアセスメント，カウンセリング，コンサルテーションなどの情報収集や援助の方法，ストレス（ストレスマネジメント），などの内容は本書の中でも多く取り上げられています。また，不登校やいじめといった学校における様々な問題状況も臨床心理学のテーマと言えます。教育相談における生徒理解や援助の方法は臨床心理学の研究や実践の成果と重なる部分が大きいと言えるでしょう。

4-3 生徒理解における臨床心理学の有用性

　教育相談は学校という日常生活の場で教師が行うという点で，臨床心理学の成果をそのまま活用できるわけではありません。たとえば教師が担任する学級にうつ病の生徒がいたときに，教師がうつ病の治療を目的として心理療法を行うことはありません。教師に求められることは，子どもの心身の状態を適切に理解した上で（生徒理解）授業や生活面の指導・援助をすること，子どものよりよい学校生活を保障するために家庭や医療機関と情報を共有し連携すること（コンサルテーション），子どもの主観的な苦労や傷つきに共感しながら今後の学校生活について一緒に考えること（カウンセリング），などです。これらの実践をよりよく行うために臨床心理学の研究と実践の成果が不可欠です。別の例として，表情が乏しく授業中にいつも寝ている生徒を見て，教師が「怠けているだけだ」と決めつけてしまっては，子どもとの信頼関係を築くことは難しく，教師の指導・援助も届きにくくなります。しかし，臨床心理学の知識があることで，一見怠けているように見える子どもの姿からその他の可能性（精神障害の兆候はないか，家庭生活や家族関係で困っていないか，等）に気づきやすくなり，より共感的に生徒理解ができるようになるでしょう。つまり，臨床心理学の研究と実践の成果の中から，教師という役割の中で活用できる範囲を考えて生かすことが求められます。そのような制限があるとはいえ，教育相談の基本的な方法や姿勢が臨床心理学に基づくことを考えれば，教師が臨床心理学の観点から生徒理解を深める必要があると言えます。

以上より，生徒理解における臨床心理学の有用性は，「学校生活に不適応を示す子どもの心身の苦しさを，子どもの立場に立って理解しようとし，関係者と連携しながら援助すること」にあると言えます。

5 生徒を多面的に理解する

5-1 三つの立場からの総合的理解

三つの心理学の立場から，学校心理学を生活軸（今の生活全体はどのような状況であるか，5領域からとらえる），発達心理学を時間軸（どのように育ってきたのか），臨床心理学を健康軸（大きな心身の不調や心の病を抱えているか），としてとらえた多面的理解のモデルを示します（図1-1）。ある一時点（今現在）の子どもを理解する際には，図1-1のモデルを参考に子どもの成長の過程やこれまでの生活，健康水準の情報も意識するとよいでしょう。

5-2 教師，親の発達（成人期，老年期の発達課題）

教師は中学生，高校生という同じ年代の子どもたちを繰り返し指導・援助することになりますが，教師自身は年を重ね，発達します。当たり前のことです

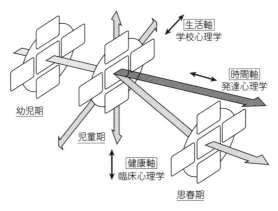

図1-1 多面的理解モデル

コラム 1-1：生徒理解の情報共有

　複数の教職員間で，個別の児童生徒の情報を共有するために活用できるシートがいくつか作成されています。

　文部科学省（2016）は「不登校児童生徒への支援に関する最終報告」の中で，児童生徒理解・教育支援シートを紹介しています。このシートには学年別欠席日数や不登校（継続）の理由，本人の状況・意向，保護者の状況・意向，具体的な支援方針，などの記入欄があり，継続的に記録しながら教師間で生徒理解を共有しやすくなっています。

　石隈・田村（2003）のチーム援助シートは数種類ありますが，いずれも学校心理学の5領域（シートによって設定される領域が違います）を基本としつつ，子どものよいところ，援助が必要なところ，これまでの援助とその結果，という観点から情報を共有・整理し，今後の援助方針や具体的な援助案を記録する形式になっています。保護者と複数の教職員の援助チームで話し合いながら記入することで，保護者は学校が我が子のことを共通理解して援助してくれているという安心感を持ちやすくなるでしょう。

が教師としての自分自身の発達にも課題があり，生活する中で様々なことが起こり得ます。たとえば自分自身の親の高齢化に伴って介護が必要になったり，子どもが進学や就職のために自分の元を離れて一人暮らしを始めたりすることがあります。生活上の変化は教師としての自分自身の心身にも影響を与えるでしょうし，生活リズムも変化します。同様に，生徒の年代は同じであっても生徒の親の世代は様々であり，生徒の親も発達する存在です。家庭環境の変化や親自身の発達課題への取り組みの影響を受けて生徒が不安定になることもあるでしょう。教育相談の中では生徒のことが中心に議論されますが，教師自身や生徒の親の成人期以降の発達という観点も意識しましょう。

●**練習問題**　次の各文に含まれる誤りを適切に修正しなさい（解説は章末）。
　①学校心理学は子どもの学習面，心理面，社会面，進路面，健康面の困っているところや援助が必要なところを把握することで生徒の問題点を見つけることに役立つ学問である。
　②中学生の年代にあたる思春期前期の一般的な仲間関係の特徴は，お互いの異

第1章　生徒理解のための心理学

質性を認めあった上で自立した個人として尊重し合う点にある。

　③教師は臨床心理学を深く学ぶことによって，学校で生徒の精神障害（うつ病，統合失調症など）の治療を行うことができるため，臨床心理学の学習は欠かせない。

もっと詳しく知りたい人のための文献紹介

下山晴彦（編）（1998）．教育心理学Ⅱ　発達と臨床援助の心理学　東京大学出版会
　⇨「発達臨床」という観点から，発達心理学と臨床心理学の両方を関連づけながら解説しています。

引用文献

Butterworth, G., & Harris, M.（1994）．*Principles of Developmental Psychology.* Lawrence Erlbaum Associates.（バターワース，G., & ハリス，M. 村井潤一（監訳）小山正・神土陽子・松下淑（訳）（1997）．発達心理学の基本を学ぶ──人間発達の生物学的・文化的基盤　ミネルヴァ書房）

保坂亨（1998）．児童期・思春期の発達　下山晴彦（編）教育心理学Ⅱ　発達と臨床援助の心理学　東京大学出版会　pp. 103-123.

飯田順子（2013）．学校心理学と発達心理学　水野治久・石隈利紀・田村節子・田村修一・飯田順子（編著）　よくわかる学校心理学　ミネルヴァ書房　pp. 20-21.

石隈利紀（1998）．学校臨床　下山晴彦（編）教育心理学Ⅱ　発達と臨床援助の心理学　東京大学出版会　pp. 155-177.

石隈利紀（2013）．学校心理学とは　水野治久・石隈利紀・田村節子・田村修一・飯田順子（編著）よくわかる学校心理学　ミネルヴァ書房　pp. 2-5.

石隈利紀・田村節子（2003）．石隈・田村式援助シートによるチーム援助入門　学校心理学・実践編　図書文化社

文部科学省（2016）．不登校児童生徒への支援に関する最終報告　http://www.mext.go.jp/b_menu/shingi/chousa/shotou/108/houkoku/1374848.htm（2017年4月28日閲覧）

下山晴彦（2003）．臨床心理学の全体構造　下山晴彦（編）　よくわかる臨床心理学　ミネルヴァ書房　pp. 4-7.

浦上昌則（2004）．自分についての悩み　無藤隆・岡本祐子・大坪治彦（編）　よ

くわかる発達心理学　ミネルヴァ書房　pp. 118-119.

やまだようこ（1998）．生涯発達　下山晴彦（編）教育心理学Ⅱ　発達と臨床援助
　の心理学　東京大学出版会　pp. 13-39.

●練習問題の解説

　①生徒が困っているところを把握するのみでなく，各領域のよいところ（自助
資源）も把握することで生徒の全体像を把握することに役立ちます。

　②思春期前半の仲間関係の一般的な特徴はチャム・グループであり，お互いの
共通点や類似性を言葉で確かめ合うことで一体感を得る点が特徴です。

　③教師として学校で働く上で，生徒の治療を行うべきではありません。むしろ
臨床心理学の知識を生かして生徒理解を深めたり，家庭や医療機関とよりよい連
携を行ったりすることで，生徒のよりよい学校生活を保障することが求められま
す。

第1章　生徒理解のための心理学

―――――― ■ トピックス〈教育相談の現場〉① ■ ――――――

セクシュアル・マイノリティの児童生徒の理解と支援

　セクシュアル・マイノリティに対する社会の認識も高まり，学校現場において，セクシュアル・マイノリティの児童生徒への配慮ある対応が文部科学省（「児童生徒が抱える問題に対しての教育相談の徹底について」2010年，「性同一性障害に係る児童生徒に対するきめ細かな対応の実施等について」2015年）から求められるようになってきました。また，2014年に文部科学省から出された「性同一性障害に係る対応に関する状況調査」では，全国で606人の児童生徒へ学校現場においてなんらかの対応をしたことが報告されています。さらに，2018年度から使われる高等学校の教科書にもセクシュアル・マイノリティに関する記述が追加されました（清水書院の政治・経済，倫理，帝国書院の世界史B，増進堂のコミュニケーション英語Ⅱなど）。しかしその一方で，2017年に改訂された小中学校の学習指導要領では，「思春期になると異性への関心が芽生える」「異性への関心が高まったりする」という異性愛主義の記述は残ったままでした。

　これまで，セクシュアル・マイノリティの当事者は，非当事者に比べて，多くの精神的負担を抱えていることが様々な研究によって明らかにされてきました。自殺念慮，自殺企図の割合も針間（2013）によれば，**性同一性障害**と診断された人のそれぞれ62.2％，10.8％でした。日高ら（2007）によれば，ゲイ・バイセクシュアル男性の自殺未遂リスクは異性愛男性の5.98倍です。その他にも大人の場合は，うつ，不安神経症，強迫神経症，アルコール依存になっている人も多数報告されています。子どもの場合は，不登校，いじめの対象になっていることもあります。

　2015年にヒューマン・ライツ・ウォッチがセクシュアル・マイノリティの子どもたちに対するいじめについて調査したところ，25歳未満の当事者458人のうち86％が，教師や児童・生徒がセクシュアル・マイノリティに対する暴言や否定的な言葉，もしくは冗談（「ホモネタ」など）を言うのを聞いたことがあると回答しました。そのうち，「生徒が言っていた」が77％，「教師が言うのを聞いた」も29％に上りました。またこれらのいじめに対して，教師がこれらの暴言を目撃したり聞いたりしても，60％が「特に反応せず」で，18％は「教師も生徒に加わり暴言を吐いた」という結果でした。筆者が2016年に養護教諭を対象に調査したところ，「セクシュアル・マイノリティについて教えることができますか」という問いに，6.6％が「できる」と回答し，「セクシュアル・マイノリティの児童生徒

23

へ対応したいと思いますか」には，96.7％が「したい」と答えていました（Kasai，2016）。つまり，まだ知識は十分もっていない養護教諭が多いが，何か対応したいという意識は高いということが明らかとなりました。児童期・思春期にいじめられた体験は，自尊心の低下や対人関係，精神的健康に大きく影響するので，早急な学校現場での研修等が必要であることがわかります。

　しかし今でも，「周りにいない」「これまで会ったことない」という発言を聞くこともよくあります。2015年に行われた電通ダイバーシティラボの調査によると，人口の約7.6％がセクシュアル・マイノリティであると回答し，2016年にLGBT総合研究所が成人男女約10万人に行ったインターネット調査では当事者の割合は8.0％でした。つまり，12～13人に一人がセクシュアル・マイノリティであるということです。

　近年では，セクシュアル・マイノリティという用語よりも「LGBT」という用語をよく目にしますが，これは，レズビアン（L），ゲイ（G），バイセクシュアル（B），トランスジェンダー（T）の頭文字を合わせたものです。しかし，この用語には，性別にとらわれない生き方をする者，性的指向のない者，恋愛感情のない者など，多様な性のあり方の当事者を含んでいないので，「LGBTQ」「LGBT＋」「SOGI」等，他の用語を使用する方が適切であると思います。

　自分自身の性別についての違和感を持っている者は小学校入学前から，性的指向が異性愛でない者は小学校高学年ごろから，気づき始めることが多いという調査結果もあり（いのちリスペクト。ホワイトリボン・キャンペーン，2014），子どもたちがその大半を過ごす学校現場において，また大人の代表である教師の知識獲得，意識変容が急務です。

引用文献

針間克己（2013）．性同一性障害と自殺　産婦人科の実際，**62**(13)，2151-2155.

日高庸晴・木村博和・市川誠一（2007）．ゲイ・バイセクシュアル男性の健康レポート2　厚生労働省エイズ対策研究事業「男性同性間のHIV感染対策とその評価に関する研究」成果報告

いのちリスペクト。ホワイトリボン・キャンペーン（2014）．LGBTの学校生活に関する実態調査（2013）結果報告書

Kasai, M.(2016).　Teachers Knowledge of LGBT Issues and Student Bullying of LGBT Classmates in Japan, The 31st International Congress of Psychology. Yokohama, Japan.

第2章 アセスメント
——多面的に子どもを理解する視点と方法

> 生徒指導提要によると，教育相談におけるアセスメントは，「『見立て』とも言われ，解決すべき問題や課題のある事例（事象）の家族や地域，関係者などの情報から，なぜそのような状態に至ったのか，児童生徒の示す行動の背景や要因を情報収集して系統的に分析し，明らかにしようとするもの」とされています（文部科学省，2010）。本章では，アセスメントの方法，心理検査（とくに知能検査や描画テスト）について概観し，実践例を踏まえて理解を深めます。また，アセスメントをする際の留意点として，心理検査の信頼性・妥当性，ラポール形成，「チームとしての学校」における情報共有の留意点について学習しましょう。

1 児童生徒理解とは

1-1 多角的・多面的な理解

　児童生徒をよく見てみると，それぞれが違った能力を持ち，様々な興味・関心を抱き，多様な感情の動きを見せ，意志のあり方も異なります。このような児童生徒の知・情・意のあり方に，彼らの個性や人格が表現されると考えられます。

　生徒指導提要（文部科学省，2010）によると，児童生徒を理解する視点として，①能力の問題，②性格的な特徴，③興味・要求・悩み，④交友関係，⑤環境条件などをあげています。①能力の問題では，身体的な能力，知的な能力，学力などを把握し，一人ひとりの生徒が活躍できる居場所をつくることが大切です。②生徒の性格的な特徴を知ることは，生徒の特徴に合わせた指導方法の示唆を

得たり，非行や情緒の不安定さなどの問題把握や予防に役立ちます。③興味・要求・悩みでは，児童生徒が何に興味を持ち，何を要求し，何を悩んでいるか把握することで，児童生徒の日常生活の理解や支援に役立つ視点を得ることができます。④交友関係の把握では，学校内・外の交友関係を把握することが大切です。とくにソーシャルネットワーキングサービス（SNS）などの発展によって交流が多様化するに従い，それに伴う悩みや不適切な交流が生じる可能性を考慮しておく必要があります。⑤環境条件では，児童生徒の生育歴，家族の物理的環境，経済的環境，家族内の人間関係を含めた家庭環境を理解することが大切です。このように多角的・多面的な情報を得ながら，現在の児童生徒のあり方についてつねに仮説を立て，立体的に理解しようとすることがアセスメントにおいて大切な視点です。

1-2　アセスメントの方法

　生徒指導提要によると，児童生徒理解のために児童生徒からの資料を直接収集する方法として，①観察法，②面接法，③質問紙調査法，④心理検査法，⑤作品法，⑥事例研究法があげられています。

　①**観察法**は，一人ひとりの児童生徒の心身の健康状態を丁寧に観察します。あらゆる場面が観察の機会になり得ます。体調面に加えて，心理的ストレスや悩みなどの心理面も考慮することは，いじめ，不登校，虐待などの早期発見・早期対応としても重要です。観察の視点として，挨拶や会話などの言語的側面に加えて，表情や姿勢といった非言語的側面，対人交流など社会的側面，気持ちが通じ合うなどの情緒的側面など様々な視点から観察することが大切です。また，児童生徒は場面によって様々な顔を見せることがあるため，複数の観察者が守秘義務に配慮しながら情報共有を行うことも大切です。

　②**面接法**は，児童生徒と面談を行い，彼らの悩み，性格，家族，知識，要求などについて資料収集し，理解をめざします。児童生徒が周囲の目を気にせず，落ちついて面接できる場所を用意し，最初に面接の目的や守秘義務，例外事項について明確に知らせます。初期の面接では，児童生徒の不安を和らげるため

第2章 アセスメント

コラム 2-1：行動観察に基づくアセスメント

　竹島・松見 (2013) は，小学5-6年生を対象に，抑うつ尺度（日本語版 DSRS：村田ほか，1996）で高得点を示す児童（抑うつ児）と低得点の児童を選び，自然場面（休憩時間）と問題解決課題（NASA ゲーム）での彼らの行動についてインターバル記録法を用いて観察しました。その結果，抑うつ児は自然場面でも問題解決場面でも，孤立したり，引っ込み思案な行動が多いことがわかりました。また，抑うつ児が孤立・引っ込み思案行動を示すことで，仲間から攻撃されにくいこともわかりました。つまり抑うつ児の孤立・引っ込み思案行動は，仲間からの攻撃の減少によって，強化（**負の強化**）されていたのです。逆に，抑うつ児は，仲間からの向社会的な働きかけに対しては，応じる回数が増えていました。子どもの行動を対人関係の中で見ていくことが大切です。

にも，受容的で温かい雰囲気を重視し，ラポール（心理的つながり）の形成をしっかりと行い，内容にかかわらず無条件の肯定的な関心を持って傾聴し，共感的理解を試みる態度が大切です。ラポールが形成できたら，子どもが困っていること（主訴）をたずね，いままでの経過（生育歴や病歴），この問題や悩みごとでこれまでに相談したことがあるかどうか（相談歴・受診歴）などを尋ねてみることも大切です。

　③**質問紙調査法**では，比較的短時間のうちに多数の児童生徒の特性を把握し，個人特性の傾向を平均的な傾向と比較することができます。実施に当たっては，倫理的な配慮として実施の目的，個人情報の取り扱い，成績や評価とは無関係であることなどを明確に伝えた上で実施することが肝要です。

　④**心理検査法**は，知能検査，人格検査，神経心理学的検査，学力検査など標準化された検査を用いて，児童生徒の能力，性格，障害などを把握することを目的としています。標準化された検査を用いることで，個人や集団の特性や状況を把握できます。解釈については病院や教育センターの医師や心理士のアドバイスを仰ぐことが大事です。また，検査はあくまで一つの情報源であり，検

→ 1 観察時間をインターバルに分割し，インターバル時間内に特定の目標行動の生起（回数は問わない）を記録する方法。

査の実施状況や体調などによって結果が左右されるなどの限界も理解しておく必要があります。

⑤**作品法**は，図画工作，美術，技術，家庭，体育，音楽などを含む各教科での作品や表現などを通して児童生徒の心理状態の把握を行います。児童生徒が言葉ではうまく表現できない気持ちを作品や行動の中に表現することがあり，心理状態の把握につながることがあります。ただし，解釈やフィードバックをする場合は児童生徒の状況を考慮して実施する必要があります。

⑥**事例研究法**は，児童生徒の蓄積された事例をもとに理解を深める方法です。児童生徒の背景や観察記録，相談内容，相談の経過などを，児童生徒にかかわる複数の教師が資料を持ち寄って検討します。守秘義務を重視して，問題を共有することが大切です。

2 心理検査

2-1 WISC-Ⅳ

WISC（Wechsler Intelligence Scale for Children）はデイビッド・ウェクスラー（David Wechsler[2]）によって開発された子どものための**知能検査**です。本邦では2010年に第4版となる WISC-Ⅳ が発表され，使用されています（2017年現在）。適用年齢は5歳0か月～16歳11か月です。

WISC Ⅳでは，五つの**合成得点**が算出されます。すなわち，**全検査IQ**（FSIQ）と言語理解指標（VCI），知覚推理指標（PRI），ワーキングメモリー指標（WMI），処理速度指標（PSI）の四つの指標です。**言語理解指標**（VCI）は，言葉の理解力や表現力，言葉による思考や推理，習得された知識や語彙力などの能力の水準を示す指標です。**知覚推理指標**（PRI）は，**流動性能力**（非言語的な新奇課題への推理・対処能力）の水準，洞察力や基礎知識の応用，視覚認知の水準，知覚推理などを示す指標です。**ワーキングメモリー指標**（WMI）は，聴

→2 ウェクスラー（Wechsler, 1944）は，知能を「目的を持って行動し，合理的に考え，効率的に環境と接する個人の総体的能力」と定義しています。

第2章　アセスメント

コラム 2-2：WISC-Ⅳの合成得点と信頼区間

　測定には必ず誤差があり，心理検査で得られた得点はあくまで推定値です。これを踏まえて，WISC-Ⅳの合成得点の解釈では，従来とは異なり数値の幅を持たせた区間推定に基づき，信頼区間を用いた解釈に変更されました。日本語版 WISC-Ⅳ刊行委員会は，90％信頼区間の使用を推奨しています（上野ほか，2015）。90％信頼区間を用いた解釈では，たとえば全検査 IQ が99の場合には，理論上 90％の確率で全検査 IQ が94-104の間に該当することを意味します。信頼区間は 意外に広いため，信頼区間の上限と下限を踏まえて理解することが大切です。

覚から得た情報を一時的に短期記憶に留め，注意力を保持しながら情報を処理する能力である聴覚的なワーキングメモリーの水準と音韻情報処理スキルの水準を示す指標です。**処理速度指標**（PSI）は，視覚刺激への素早く正確な処理，注意，動機付け，視覚的短期記憶，視覚-運動の協応などを示す指標です。全検査 IQ（FSIQ）および四つの指標は平均が100，標準偏差（得点のばらつきの程度を示す指標。約68％の人が平均値 ± 1 標準偏差のあいだに入る）が15となるように設定されています。下位検査の評価点は平均が10，標準偏差が 3 となるように設定されています。解釈では，①全検査 IQ，②四つの指標の検討，③指標間の得点の差の評価，④下位検査における強い能力と弱い能力の評価，⑤下位検査の得点差，⑥下位検査のパターン評価を行います。四つの指標およびそれらの差や下位検査のパターンを対比することで，個人内での能力の特徴を検討す

表 2-1　WISC-Ⅳの合成得点と下位検査

全検査 IQ（FSIQ）			
言語理解指標（VCI）	類似 単語 理解 知識＊ 語の類推＊	知覚推理指標（PRI）	積木模様 絵の概念 行列推理 絵の完成＊
ワーキングメモリー指標（WMI）	数唱 語音整列 算数＊	処理速度指標（PSI）	符号 記号探し 絵の抹消＊

（注）　＊補助検査

ることができます。また，受検者の認知処理過程を詳しく知るためにプロセス得点による分析（たとえば，数唱における順唱と逆唱の桁数の差の分析など）を解釈の補助として用いることができます。WISC-Ⅳの結果の報告では合成得点のみを伝えるのではなく，**信頼区間**を考慮した報告が推奨されています（コラム2-2参照）。また，近年では上述の五つの合成得点に加えて，一般知的能力指標（GAI）と認知的熟達度指標（CPI）という二つの合成得点を算出することができます（日本版 WISC-Ⅳ刊行委員会，2014）。

2-2　キャッテル-ホーン-キャロル理論

　キャッテル-ホーン-キャロル理論（Cattell-Horn-Carroll theory: CHC theory）は，レイモンド・キャッテル（Cattell, R. B.）の結晶性知能と流動性知能[3]，ジョン・ホーン（Horn, J. L.）の広範囲な諸能力（短期記憶，視空間能力，認知処理速度など），ジョン・キャロル（Carroll, J. B.）の3層モデル（知能は一般知能g因子の下に3層構造をもつ）を統合した知能理論です（McGrew, 2009）。CHC 理論は，WISC-Ⅳのデータを統計的に分析したときにも当てはまりがよく（繁桝・ショーン，2013），現代の知能理論の中でもっとも支持されています（Flanagan et al., 2010；Warne, 2016）。

2-3　日本版 KABC-Ⅱと日本版 DN-CAS 認知評価システム

　K-ABC（Kaufman Assessment Battery for Children）は，1983年に米国のカウフマン（Kaufman）夫妻によって刊行された個別式の知能検査です。本邦では日本版 KABC-Ⅱが2013年に刊行されています（Kaufman & Kaufman, 2004）。適用年齢は2歳6か月～18歳11か月です。日本版 KABC-Ⅱは，カウフマンモデルと上述の CHC 理論に立脚し，カウフマンモデルでは，**認知尺度**（新しい知識や技能の量を獲得していく際に必要となる全般的な認知能力）と**習得尺度**（語彙・算数・読み・書きという領域の総合的な力）が準備されています。また，

→**3**　経験によって培われる知識とその使い方にかんする知能。生涯にわたり成長します。

→**4**　複雑で新しい場面に適応するために必要な知能。ある年齢から低下します。

第2章　アセスメント

表 2-2　KABC-Ⅱの尺度構成と下位検査：
カウフマンモデル尺度（CHC 理論にもとづく尺度）

認知尺度	習得尺度
認知総合尺度［以下の4尺度から構成される］	習得総合尺度［以下の4尺度から構成される］
継次尺度　3項目（短期記憶尺度　3項目）	語彙尺度　3項目（結晶性能力尺度　3項目）
数唱 語の配列 手の動作	表現語彙 なぞなぞ 理解語彙
同時尺度　4項目（視覚処理尺度　3項目） 〈注：CHC 尺度では［絵の統合］の値を使用しない〉	算数尺度　2項目（量的知識尺度　2項目）
顔さがし 絵の統合 近道さがし 模様の構成	数的推論 計算
計画尺度　2項目（流動性推理尺度　2項目）	書き尺度　2項目（読み書き尺度　4項目）＊
物語の完成 パターン推理	文の構成 ことばの書き
学習尺度　2項目（長期記憶と検索尺度　2項目）	読み尺度　2項目（読み書き尺度　4項目）＊
語の学習 語の学習遅延	ことばの読み 文の理解
［CHC 総合尺度：上記の七つの CHC 尺度から構成される］	

（注）　＊ CHC 尺度の「読み書き尺度」は文の構成・ことばの書き・ことばの読み・文の理解から構
成される。
年齢によって実施する下位検査は異なる。
適用年齢：2歳6か月から18歳11か月。
（出所）　丸善出版ホームページ（KABC-Ⅱの概要（http://pub.maruzen.co.jp/kabc/index.html　2017
年7月16日閲覧）および大六（2015）を参考に筆者が作成

CHC モデルによる解釈では，七つの CHC 尺度と CHC 総合尺度を算出できま
す（表 2-2）。

　DN-CAS 認知評価システム（Das-Naglieri Cognitive Assessment System）は，
PASS 理論[5]に立脚している知能検査です。PASS 理論では，人間の認知処理過

　→5　PASS 理論はソビエト連邦の神経心理学者ルリア（Luria, A. R.）の神経心理学
的・認知心理学的理論から導き出されました。ルリアの研究は多方面にわたります
が，とくに前頭葉と言語による行動調節機能のモデルを考えました。

程を，プランニング（Planning），注意（Attention），同時処理（Simultaneous），継次処理（Successive）という四つの要素で考えます（Naglieri & Das, 1997）。適用年齢は 5 歳 0 か月〜17歳11か月です。DN-CAS には，注意尺度とプランニング尺度があることから，注意欠如/多動症や限局性学習症の子どもの特徴把握や，頭部外傷を有する子どもの評価などにも用いられています（Naglieri, 1999）。

2-4 描画テスト

描画テストは投映法[6]という心理検査の一種です。投映法は，受検者に意図のわからない曖昧な刺激（図版や絵など）に対して自由に反応してもらい，その反応を分析し，パーソナリティをとらえようとする検査です。描画テストは，「教育や心理臨床の場面において，なんらかの目的をもって，対象者に鉛筆やクレヨンなどを与え，紙上に何かを表現させる心理テスト」（高橋，2011）とされています。描画テストは非言語的な手段で行われることから，言葉による表現の苦手な児童生徒でも心の状態が**グラフィックコミュニケーション**という形で表現されると考えられています。また，描画テストでは，児童生徒の大まかな発達や精神的な成熟を推測することもできます。描画テストには「実のなる木」を描いてもらう**バウムテスト**や家族の絵を描いてもらう**家族画**などがあります。ここでは HTPP テストの実施と解釈について概観しておきましょう。

HTPP テストは，HB の鉛筆と A 4 または B 5 のケント紙を用いて，児童生徒に「家」「樹木」「人」「その反対の性の人」の順で 4 枚の絵を描いてもらいます（教示については高橋（2011）を参照）。計時しながら描き方や描く順番，態度などの行動を観察します。描画後には，描画を中心に話し合います（描画後の対話；Post Drawing Dialogue（PDD））。描画テストの解釈では，全体的な印象やバランスなどを見る**全体評価**，描画のサイズや位置，描線の質，遠近感，透明

→ **6** 投映法は描画テストの他に，ロールシャッハ・テストや PF スタディなど多様な検査法があります。また，その他の心理検査の種類として，MMPI や矢田部ギルフォード性格検査などの**質問紙法**，内田クレペリン検査などの**作業検査法**があります。心理検査の方法と種類についても調べておきましょう。

性，省略などを分析する**形式分析**，何を書いたか，描画の特徴的なサインなどの**内容分析**を行います。描画テストに限らず，投影法の解釈では一つの特徴的なサインだけを取り上げて，たとえば「木の枝が尖っているから攻撃性が強い」などとすぐに解釈に結びつけて考えるのではなく，反応の中に繰り返しあらわれる特徴的なサインをとらえながら児童生徒の特性に関する仮説を積み上げて，慎重に解釈を行うことが大切です。

3 アセスメントの実践例

ここでは一つの架空事例について，学校での様子やWISCの結果をもとに児童のアセスメントのイメージを広げてみましょう。

小学校4年生のAくんは授業中になかなか課題に集中することができず，他児に話しかけたり，立ち歩いたりして，すぐに気が散ってしまいやすい児童です。成績はそれほど悪くありませんが，早とちりしやすく，計算の間違いが見

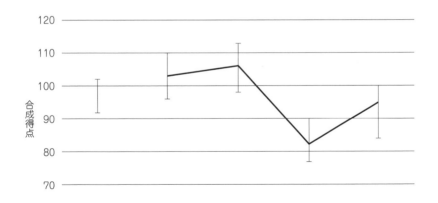

図2-1 AくんのWISC-IVのプロフィール（架空事例）

られます。時折，手の甲や脛，額に怪我や発赤があり，当時の担任が尋ねると，校外で習っているサッカーをしていてぶつけたとのことです。保護者からも同様の説明がありました。Aくんはこども園や低学年のころは，大人にべたべたと寄ってくる子どもでした。最近は昼休みに突然，「お前を見ているとイライラする」など，他の児童に対して人が変わったように衝動的な言動が見られることもあります。Aくんの言動が気になった担任はスクールカウンセラーを通じて，保護者の同意を得た上で，地域の教育センターでの相談と検査を依頼しました。AくんのWISC-Ⅳの結果は図2-1の通りでした。

◆アクティブ・ラーニング
　ワーキングメモリーの低さは，Aくんの行動にどのような影響を与えていると思いますか？　また，Aくんの怪我や言動から留意しておくべき点はどのようなことでしょうか？

4 アセスメントの留意点

4-1　信頼性・妥当性

　心理検査を用いたアセスメントを行う際には，実施方法や評価基準が標準化され，信頼性と妥当性が確認されたテストを用いることが大切です。心理検査の**信頼性**とは「同一の個人に対して同一条件で同一のテストを繰り返し実施したとき，一貫して同一の得点が得られる程度」（服部，1999）を示す概念です。信頼性の確認には再検査法，平行法，折半法，クロンバックのα係数などが開発されています。心理検査の**妥当性**とは，その心理検査が「測定しようとしているものを実際に測っているかどうか」また「尺度の測定値の解釈，および，測定値によってなされる推論や決定が適切であるか」（吉田，2001）を表す概念

→7　再検査法は同じテストを一定期間後に実施するもの。平行法は同じ目的の代替テストを同一集団に実施するもの。折半法とクロンバックのα係数は，テストの項目間の相関係数をもとに，似た項目で同じような回答がみられるかどうかを推定します。

第2章　アセスメント

です。その性質によって，内容的妥当性，基準関連妥当性，構成概念妥当性[8]などがあります。

4-2　ラポールと個人情報の保護

　最後に，アセスメントを行う際にもっとも注意が必要な二つの要素について述べておきます。一つ目に，児童生徒についてアセスメントをしていく上でもっとも大切なことは，児童生徒との間にラポール（心理的つながり）を形成しながらかかわり，アセスメントを行うことです。ラポールが形成されにくい児童生徒でも，日々日常のちょっとした声かけや視線を合わせるなど小さな心理的接触を積み重ねていくことでラポールが形成されやすくなります。二つ目は個人情報の保護です。教師は，児童生徒の個人情報に関する守秘義務を負っています。近年，「**チームとしての学校**」（中央教育審議会，2015）という学校のあり方が提唱されています。「チームとしての学校」では，教師とスクールカウンセラーやスクールソーシャルワーカー，授業において教師を支援する専門スタッフ，部活動指導員，特別支援教育に関する専門スタッフの参画，地域との連携が提唱されています。専門スタッフや地域との連携には，児童生徒の個人情報の共有が必要な場合が生じてきます。そのような場合には，関係者の中で最低限必要な情報を共有し，それ以外には洩らさないという守秘義務，個人情報の保護についての共通認識が求められます。

●**練習問題**　次の各文に含まれる誤りを適切に修正しなさい（解説は章末）。
①一つの心理検査を実施するとその生徒児童の性格を深く理解できる。
② WISC-Ⅳの解釈では，全検査 IQ と四つの指標の数値のみに注目する。
③心理検査の信頼性とは「その検査が測定しようとしているものを実際に測っている」かの指標である。

→ 8　内容的妥当性はテスト項目が測定したい内容を適切に反映して網羅しているか，基準関連妥当性はそのテストに関連する他のテストや基準（外的基準）と相関するか，構成概念妥当性はそのテストが測定したい概念に関する理論的予測が実際のデータで実証されるか，によって妥当性を評価します。

もっと詳しく知りたい人のための文献紹介

上野一彦・松田修・小林玄・木下智子（2015）．日本版 WISC-Ⅳによる発達障害のアセスメント——代表的な指標パターンの解釈と事例紹介　日本文化科学社

⇨WISC-Ⅳによる発達障害のアセスメントを知るには最適の書です。

黒田美保（編著）（2015）．これからの発達障害のアセスメント——支援の一歩となるために　金子書房

⇨発達障害のアセスメントについて様々な角度から支援を見据えた，知識や事例を読むことができます。

引用文献

中央教育審議会（2015）．チームとしての学校の在り方と今後の改善方策について（答申）http://www.mext.go.jp/b_menu/shingi/chukyo/chukyo0/toushin/__icsFiles/afieldfile/2016/02/05/1365657_00.pdf（2017年4月16日閲覧）

大六一志（2015）．第3章 知的水準・認知特徴のアセスメント　黒田美保（編著）　ここからの発達障害のアセスメント——支援の一歩となるために　金子書房　pp. 39-47.

Flanagan, D. P., Fiorello, C. A., & Ortiz, S. O. (2010). Enhancing practice through application of Cattell-Horn-Carroll theory and research: A "third method" approach to specific learning disability identification. *Psychology in the Schools*, **47**, 739-760.

服部環（1999）．信頼性　中嶋義明・安藤清志・子安増生・坂野雄二・繁桝算男・立花政夫・箱田裕司（編）　心理学事典　有斐閣　p. 457.

Kaufman, A. S., & Kaufman, N. L. (2004). *Kaufman Assessment Battery For Children Second Edition*. NCS Pearson.（カウフマン，A. S., & カウフマン，N. L. 日本語版KABC-Ⅱ制作委員会（編訳）（2013）．日本語版KABC-Ⅱ マニュアル　丸善出版）

McGrew, K. S. (2009). CHC theory and the human cognitive abilities project: Standing on the shoulders of the giants of psychometric intelligence research. *Intelligence*, **37**, 1-10.

文部科学省（2010）．生徒指導提要　教育図書

村田豊久・清水亜紀・森陽二郎ほか（1996）．学校における子どものうつ病——Birleson の小児期うつ病スケールからの検討　最新精神医学, **1**(2), 131-138.

第2章　アセスメント

Naglieri, J. A.（1999）. *Essentials of CAS Assessment.* Wiley.（ナグリエリ，J. A. 前川久男・中山健・岡崎慎治（訳）（2010）. エッセンシャルズ　DN-CAS による心理アセスメント　日本文化科学社）

Naglieri, J. A., & Das, J. P.（1997）. *Das-Naglieri Cognitive Assessment System.* Riverside Publishing Co.（ナグリエリ，J. A., & ダス，J. P.　前川久男・中山健・岡崎慎治（訳）（2007）. 日本語版 DN-CAS 認知評価システム──実施・採点マニュアル　日本文化科学社）

日本版 WISC-Ⅳ刊行委員会（2014）. WISC-Ⅳ補助マニュアル　日本文化科学社

繁桝算男／ショーン・リー（2013）. 日本語版 WISC-Ⅳテクニカルレポート #8 CHC 理論と日本語版 WISC-Ⅳの因子構造──標準化データによる認知構造の統計学的分析　http://www.nichibun.co.jp/kobetsu/technicalreport/wisc4_tech_8.pdf（2017年4月10日閲覧）

高橋依子（2011）. 描画テスト　北大路書房

竹島克典・松見淳子（2013）. 抑うつ症状を示す児童の仲間との社会的相互作用　教育心理学研究，**61**, 158-168.

上野一彦・松田修・小林玄・木下智子（2015）. 日本版 WISC-Ⅳによる発達障害のアセスメント　日本文化科学社

Warne, R. T.（2016）. Five reasons to put the g back into giftedness: An argument for applying the Cattell-Horn-Carroll theory of intelligence to gifted education research and practice. *Gifted Child Quarterly*, **60**, 3-15.

Wechsler, D.（1944）. *The Measurement of Adult Intelligence.* Williams & Wilkins.

吉田富士雄（2001）. 信頼性と妥当性　堀洋道（監修）吉田富士雄（編）心理測定尺度集Ⅱ　サイエンス社　pp. 436-453.

●練習問題の解説

　①一つの心理テストのみではその児童生徒の性格を深くとらえることは難しいです。必要に応じて複数のテストでテストバッテリーを組み，多角的な評価をします。

　②五つの合成得点は数値だけでなく，信頼区間にも注目します。

　③「その検査が測定しようとしているものを実際に測っている」程度を示す概念は心理検査の妥当性です。

第3章 カウンセリング
——信頼関係を築き，子どもを援助する方法

みなさんは「学校カウンセリング」という言葉にどのようなイメージがあるでしょうか？　カウンセリングというと，教師やスクールカウンセラーが相談室の中で悩みや問題を抱えた子どもを対象に一対一で行う治療的な相談のイメージがあるかもしれません。しかし，学校カウンセリングの機能はこれだけではありません。では，この学校カウンセリングではどのような指導や援助が行われているのでしょうか？　本章では，学校カウンセリングの中で実際にどのような指導や援助が行われているのか，教師が行う学校カウンセリングを中心に，その内容について解説します。

1 学校カウンセリングとは

1-1 カウンセリングと学校カウンセリング

教育基本法の第一条には，「教育は人格の完成を目指す」という趣旨の教育目標が定められています。そのため，**学校カウンセリング**でも，この教育目標に沿った働きかけが行われます。狭い意味のカウンセリングは，「一般に心の悩みや苦しみを抱き来談した人（クライエント）に対して，その悩みや苦しみの解決につながるような心理的な援助を行うこと」とされています（新井，2009）。しかし，広い意味のカウンセリングにはこのような「治療的」な機能に加え，「開発的」「予防的」な機能が含まれます。そして，学校カウンセリングでも治療的な機能に加え，開発的・予防的といった学校教育における**心理教育**（サイコ・エデュケーション）の機能が重視されています。

このような三つの機能を含む学校カウンセリングに関して，学校心理学の分野では，子どもの心理的ニーズに加え，教育ニーズ全般をカバーするものとして「心理教育的援助サービス」が提唱されています。心理教育的援助サービスとは，一人ひとりの子どもが「学習面」「心理・社会面」「進路面」「健康面」などでの課題への取組の過程で出会う問題状況の解決を援助し，子どもが成長することを促進する教育活動とされています（石隈，1999）。この心理教育的援助サービスでは，学校カウンセリングの三つの機能に対応する形で，すべての子どもを対象とする「1次的援助サービス（開発的）」，配慮を要する一部の子どもに対する「2次的援助サービス（予防的）」，とくに困難さを持つ特定の子どもに対する「3次的援助サービス（治療的)」の三段階の援助サービスが提唱されています（第0章の図0-1を参照）。

　このように，学校カウンセリングは，狭い意味の「カウンセリング」という言葉に連想される，問題を抱えている子どもの問題解決を図る「治療的カウンセリング」だけを意味するものではありません。そのような問題の発生をあらかじめ防ぐための「予防的カウンセリング」，社会生活に適応できる健全な子どもの人格の成長を図るための「開発的カウンセリング」もその内容に含まれます。学校カウンセリングは，悩みや問題を抱えた一部の子どもだけでなく，すべての子どもを対象に，あらゆる教育活動を通して行うものであり，学校内のすべての教師が適切に学校カウンセリングを行うことが求められます。

1-2　学校カウンセリングの三つの機能

開発的カウンセリング（1次的援助サービス）

　開発的カウンセリングの中心の担い手は「教師」とされています。開発的カウンセリングには，学校の管理職や教職員に積極的に取り組む意識が求められ，開発的カウンセリングが授業計画や年間行事計画に盛り込まれることが必要になります。開発的カウンセリングはすべての子どもを対象とし，教科学習や特別活動，総合的な学習など，学級，学校全体の教育活動を通して，子どもの健全な成長を促進します（石隈，1999）。また，この開発的カウンセリングには，

スクールカウンセラーも重要な役割を果たします。ここでは，援助サービスの専門家であるスクールカウンセラーが，学校組織や教師に対して開発的カウンセリングを効果的に行うための**コンサルテーション**を行います（第4章参照）。また，通常の教科学習などの学習活動に加え，直接的に対人関係スキルなどを育成する心理教育（ソーシャルスキル教育など）を実施することも効果的で，近年このような取組が盛んに行われるようになっています（第5章参照）。

予防的カウンセリング（2次的援助サービス）

予防的カウンセリングは，登校をしぶる，学習意欲をなくしてきた，友人をつくりにくいなど，開発的カウンセリングだけでは解決されなかった「一部の子ども」の問題行動を予防するために行われます。ここでは，まず，学級担任，教科担当，養護教諭，保護者が中心となり，学校や家庭の**アセスメント**によって，このような**援助ニーズ**を抱える子どもを早期に発見し援助を開始することが重要になります（石隈，1999）。加えて，予防的カウンセリングでは，子どもの話をよく聴き，子どもの気持ちを理解するとともに，子どもを取り巻く環境・状況を正しく把握し，適切なガイダンス（カウンセリング），心理教育（第6章参照），環境調整（学級や家庭など）を行い，問題の発生を未然に防ぐことが必要とされます。また，予防的カウンセリングにおいてもスクールカウンセラーが重要な役割を果たします。スクールカウンセラーは，教師や保護者が発見した援助ニーズを抱える子どもの援助についてコンサルテーションを行います。

治療的カウンセリング（3次的援助サービス）

治療的カウンセリングは，主に「**援助チーム**」での働きかけが中心となります。いじめや不登校など高い援助ニーズを持った子どもに対する治療的カウンセリングで一般的にどのような活動が行われるかについて，新井（2009）は，以下の四つの典型的なプロセスを示しています。

①子どものアセスメント

まず，援助ニーズを抱える子どもの学習面，心理・社会面，進路面，健康面を査定します。その際は，行動観察や心理検査を活用し，客観的なアセスメントを心がける必要があります。問題の構造を明らかにし，必要とされる援助の

コラム 3-1：教師がカウンセリングで活用するスキル

　教師と子どもの信頼関係は一朝一夕に築けるものではありません。また，子どもの個性も様々であるため，このようにすれば必ず信頼関係が築けるという決まった技法があるわけでもありません。その一方で，教師がカウンセリングを行うときに活用すると効果的な技法があります。ここでは「マイクロカウンセリング」の理論をベースとして，生徒指導提要（文部科学省，2010），新井（2009），上地・古谷（2014）を参考に教師がカウンセリングで活用することができるスキルを紹介します（表3-1）。

　教師がカウンセリングを行うときには，まず何よりも個々の子どもの状態や学級の雰囲気を適切にアセスメントする姿勢が求められます。その上で子どもの個性やその場の状況に応じた働きかけを行う必要があります。その際には，まず安定した信頼関係を築く姿勢が必要となります。ここでは個々の子どもとの個別のかかわりに加え，授業など学級への集団介入時の印象など，日常での印象が重要になります。つまり，言語的コミュニケーションはもちろん，表情，しぐさなど非言語のコミュニケーションで折に触れて子どもに安心感を伝達することが重要になります。その際に有効となるのが，表3-1に示した子どもとの関係を構築しその悩みを理解し受容する技法である「かかわり技法」のスキルです。

　また，教師は上記のような受容的なかかわりだけに頼りすぎず，授業や生徒指導など教師としての専門性を高め，教師としての役割を意識しながら信頼関係を構築する必要があります。ここで重要になるのは，まず信頼関係を構築した上で，「積極技法」の働きかけを行うという姿勢です。つまり「先生は自分のことを思ってくれている」という安心感が，「縦のかかわり」による働きかけを効果的にしてくれるのです。そのため，頭ごなしに叱るような管理主義的な指導だけでなく，教師はまず子どもと安定した関係を構築し，文脈に合わせて厳格な姿勢を生徒に提示する必要があります。その際，子どもに具体的な働きかけを行う技法である「積極技法」のスキルを身につけることも有効であると考えられます。

　これについては，国分（1992）も，教師-子ども関係が良好である状態は，指導を行う教師，指導を受ける子どもといった制度上の役割を前提とした「ソーシャル・リレーション」と，感情と感情の関係・交流であり，制度上の役割関係を超えた個人と個人の感情交流である「パーソナル・リレーション」の2種類のリレーションの両方が保たれている状態であると指摘しています。そのため，教師はまず子どもとパーソナル・リレーションを構築し，その上でソーシャル・リレーションを構築することが必要であると考えられます。

第3章 カウンセリング

表 3-1 教師がカウンセリングで活用するスキル

（1） かかわり技法（子どもの悩みを理解し受容することなどによって子どもとの関係を構築する技法）	
a．傾聴スキル	子どもの話す言葉を，耳だけではなく，目や顔の表情，動き（うなずき）などを用いて，言葉の表面だけでなく裏面を理解しながら，批判をせずに受容的，共感的に話を聞きとるスキル。 例：「子どもの話にうなずく」「子どもの感情に表情を合わせる」「落ち着いてゆっくり話す」など。
b．繰り返しスキル	相手の話した内容を整理し，内容を確かめ，話を理解していることを示すスキル。子どもは，しっかりと自分が受け入れられたと感じることができる。 例：「悪口を言われて嫌な気持ちになったんだね」
c．明確化スキル	子どもが上手に言葉で状況や感情を表現できない場合に，的確な言葉で代弁するスキル。「○○ということなんだね」と教師が言うことで，子どもは安心感を持つ。教師自身も話の内容を整理することができる。 例：「なるほど，○○（こういう）ことなんだね」
d．質問スキル	事実関係を正確に理解するときには「はい，いいえ」で答えることのできる閉じた質問を用いる。子どもの気持ちを理解するときは，開かれた質問を用いて，子どもの悩みやとらえ方についての深い理解をめざす。 例：「学校は楽しい？」（閉じた質問）　⇔　「最近，学校はどう？」（開かれた質問）
e．ポジティブスキル	相手の行為を肯定的にとらえ，肯定的に表現するスキル。最初に褒められることで，子どもは教師の話を素直に聞こうという気持ちになる。 例：「あきっぽい」（ネガティブ）　⇒　「何にでも興味があるね」（ポジティブ）
f．ワンダウン・ポジションスキル	権威的かかわりでなく，ひとまず子どもの位置まで下がることで，子どもが抱える不安や警戒心を解くスキル。「先生は味方である」といった認識を得て，ラポールを構築することが目標。 例：「つらい話なのに先生に話してくれてありがとうね」
（2） 積極技法（子どもに具体的な働きかけを行う技法）	
a．情報提供スキル	進路相談のような場に，進学や就職を迎え不安を抱いている子どもに対し，進学先や就職先の情報やその選び方などの具体的な情報提供を行う。 例：「そういうことがやりたいなら，こういう進路があるよ」

b．自己開示スキル	自分の失敗談など，ふだんだと人に話しにくいことをありのままに示すこと。自分を立派な人間であるように印象づけようとする自己呈示とは区別される。 例：「じつは先生も中学校のころは勉強ができなかったんだよ」
c．論理的帰結スキル	教師が選択肢を提示して，それぞれの選択肢の論理的帰結を具体的に検討する作業を行わせる。その検討の結果，もっとも妥当なものを自己決定するようにさせる。 例：「○○さんとしては，これからどうしたいと考えている？」
d．助言スキル	「○○するほうがよい」と，考え方や行動の仕方に具体的に助言（アドバイス）する。 例：「今回は○○した方がよいかもしれないね」
e．指示スキル	助言はそれを受け入れるか否かは子ども次第であるが，受け入れることを求め，それに沿って行動することを課題として与えることを指示（課題提示）という。 例：「次回までに○○について考えてきてね」
f．対決スキル	子どもの話の不一致や矛盾点を責めることなく言語化する。対決していくことにより，子どもの一方的な見方や感情の修正を迫る。 例：「宿題をやったけど，持ってくるのを忘れたんだね？」

（出所）文部科学省（2010），新井（2009），上地・古谷（2014）を参考に筆者作成

焦点がどこにあるのかの見立てを行います。

②援助資源のアセスメント

　周囲の人（担任教師，学年主任，管理職，親，スクールカウンセラーなど）のうち，誰が援助を行うと効果的か，あるいは誰が具体的な援助者になることができるのかを査定します。これをもとに援助チームをつくり，**コーディネーター**などの役割分担を決めることになります。

③援助計画の作成と実施

　コーディネーター（教育相談担当，スクールカウンセラーなど）を中心に，援助の内容とその実施の計画ならびに援助の担当者を決め，実行していきます。特別な援助ニーズを持つ子どもや，学校だけでは対応できない場合は，外部の専門機関（教育支援センター，児童相談所，警察，病院，など）や，医師などの専門家へのリファー（委託）や，援助チームによる援助を行います。

第3章　カウンセリング

④援助の評価

　援助が適切に行われたか，それらの援助の結果，問題の解決がどの程度図られたかを評価します。問題の解決が進んでいない場合，どこにその原因があるのかを突き止め，再度援助計画の作成と実施を行う，計画-実行-評価-改善のサイクルである PDCA（Plan-Do-Check-Action）が重要です。また，学校カウンセリングに携わる者は「公益社団法人日本心理学会倫理規程」などを参考に，つねに倫理的な自覚をもって職務を遂行しなければなりません（日本心理学会, 2011）。

2　学校カウンセリングの実践例

　ここでは公立小学校の教育相談担当であり，学級担任をしながら教育相談を行っていた居澤朋子教諭のA小学校でのカウンセリング活動の実践を一例として紹介します（居澤, 2014）。

2-1　A小学校におけるカウンセリング活動の実施体制

　A小学校では月例の職員会議の後に，月例の「情報交換会」が行われます。ここでは学級の子どもたちの様子や，担任から見て支援が必要と考えられる子どもについて報告が行われます。次に，報告に上がった子どもの中で，すぐに支援が必要な子どもについては，担任と学年主任がこの場で「サポート会議」の依頼を行い，情報交換会の後にサポート会議が開かれます。サポート会議を必要とする場合は担任から詳細を報告し，その後，生活指導主任，いじめ・不登校委員，特別支援教育コーディネーター，養護教諭，教育相談担当などの報告が付け加えられます。

　このサポート会議では，支援の方針を話し合います。これによって誰が本人をサポートし，誰が保護者面接を行うか，また，担任としてはどのような支援をしていくかなどを話し合います。教育相談担当である居澤教諭は，担任教師が一人で抱え込んでしまうことがないように，担任コンサルテーションも行い

45

ます。サポート会議に集まるのは、学級担任、当該学年主任、学年担任、校長、教頭、教務主任、校務主任、特別支援教育コーディネーター、通級担当、生活指導担当、いじめ・不登校対策担当、教育相談担当、学校心理士、養護教諭などです。

　また、年間計画に組まれた「定期サポート会議」も行われます。4月には前担任からの支援の引き継ぎ、5月には一学期の支援方針、7月には一学期の支援内容と夏休みの方針、9月には二学期の支援方針、12月には二学期の支援内容と冬休みの方針、3月には三学期の支援内容と来年度の支援方針についての定期サポート会議が実施されます。

2-2　支援の実際

　Bさんは多動傾向と読み書きの困難といった発達上の課題を抱える子どもです。担任のC先生が、授業中に教室からいなくなってしまうBさんにどう接すればよいか悩んでいます。担任のC先生は、Bさんが教室を離脱した時点で職員室にインターフォンで連絡し、自身は授業を進めることになっています。月例の「情報交換会」では、入学時から続いている教室の離脱と、Bさんの友人も一緒に教室を離脱するようになって困っていることが報告されました。報告を踏まえ、学年主任から「サポート会議」の依頼が入りました。Bさんは発達障害などの診断が出ている子どもではありません。したがって、特別支援教育担当ではなく、教育相談担当に委ねられます。

　「サポート会議」では、担任のC先生が保護者と情報を共有するという方針を決め、学校で対応できる内容を保護者に紹介しました（スクールカウンセラー面接、医療機関紹介、通級指導など）。その後、保護者の希望するスクールカウンセラーとの面接を開始します。Bさんは担任のC先生と二人だけのときはあまり困らないそうです。しかし、学級で活動するときには、途中でいつの間にかふらりと教室を出て行ってしまうので、Bさんがいないことに気づかないことがあるそうです。

　音楽で鍵盤ハーモニカなどを演奏する場面ではパニックになりやすく、教室

を出してしまうか，耳をおさえて教師の事務机の中にもぐってしまうようです。担任のＣ先生が保護者と連絡を密にして学校での様子を伝えているので，母親は，Ｂさんの学校での状況を理解しているようです。父親も協力的であるのですが仕事が多忙なため，Ｂさんの状況を詳しくつかむところまではなかなか難しい様子です。保護者にもできる限りＢさんが集団の中でどのような困り感を持っているのかを知ってもらうことが必要なため，毎週一回「相談室」で教育相談担当との母親定期面接を行うことになりました。また，本人も一緒に来て，担任のＣ先生と教室で過ごし，母子並行面接を行います。Ｂさんは次第に担任のＣ先生との関係ができて話が通じやすくなり，教室を黙って出ていくことが減ってきました。しかし，全部の授業時間に座ったままであるとまだストレスがかかります。

　そこで，毎日一時間，ゆったりと過ごすことができる時間を帯タイムで設けました。Ｂさんはもともと時間感覚の把握が苦手だったようですが，毎日三時間目に一対一の時間が用意されると，その時間帯の認識が生まれてきたようで，終了の時間を気にして時計を見ます。Ｂさんは，担任のＣ先生の声が届くようになって，学級内の「Ｂさんスペース」を使えるようになってきました。また，音に敏感であることから，「Ｂさんスペース」でイヤーマフの使用を試してみたところ，「Ｂさんスペース」以外でも必要に応じて使用できるようになりました。音による不安が解消されたことによって，次第に教室の離脱や離席は減っていきました。

◆アクティブ・ラーニング
　小学校３年生男子のＸさんは，学校でまったく話をしません。友だちに話しかけられても，授業中に先生に指名されてもいつも話をしません。Ｘさんが話をしない理由にはどのようなものが考えられるでしょうか？　また，それぞれの理由に応じて教師はどのような指導や援助を行えるでしょうか？　できるだけたくさん理由と対応策を挙げてみましょう。

3 学校カウンセリングの今後

3-1 学校カウンセリングの展開と課題

　情報化や核家族化など社会構造の急激な変化に伴い，子どもの個性や子どもが抱える援助ニーズもますます多様なものになってきています。一方で，2013年の「国際教員指導環境調査」(TALIS) によれば，日本の教師の1週間当たりの仕事にかける時間は参加国の中で最長で，教師が非常に幅広い業務を行い，授業等の教育活動に集中しづらい状況があります。そのため教師が個々の子どもの援助ニーズに対して効果的な心理教育的援助サービスを提供するためには，これまで重点が置かれていた教師個人から子どもへの直接的な働きかけに加え，多様な援助資源を活用した働きかけも想定する必要があります。つまり「教師個人の力量のみに頼る教師-子ども関係」といった二者関係から「**援助チーム**」や「ネットワーク型援助チーム」といったチームで子どもを支援する関係に拡大する必要があります (石隈・田村，2003) (第4章参照)。たとえば，専門家の助言が必要な特別な援助ニーズを抱える子どもがいる場合，担任教師からの直接的な働きかけを基礎としつつ，養護教諭やスクールカウンセラー，外部医療機関など多様な援助資源を活用した働きかけをする必要があります。

　近年の学校教育現場ではこのような**チーム援助**の必要性が認識され，スクールカウンセラー制度やコミュニティ・スクール制度などが整備されてきています。しかし，このようなチーム援助の活用はいまだ発展段階にあり，有機的に機能していないケースもあります。今後は教師個人が抵抗なくこのような援助資源を活用できるような意識や制度をいかに醸成するかが課題になってきます。つまり，教師個人の負担感を軽減しつつ，子どもの援助ニーズに応えていくシステムづくりが今後の課題となります。

3-2 今後求められる学校カウンセリングのあり方

　前項のような状況を踏まえ，2015年の教育再生実行会議の第七次提言では，教師が子どもと向き合う時間を確保し，教育活動に専念できるようにする観点

第3章　カウンセリング

から「学校経営を支える事務職員の充実を図り，教師と事務職員の役割分担を見直すことや，スクールカウンセラーやスクールソーシャルワーカー，部活動指導員，学校司書，ICT 支援員等の配置を行うことにより，『チーム学校』を実現する」ことが示されました。また，2015年の文部科学省中央教育審議会では「チームとしての学校の在り方とその改善方策について」（答申）が出されました。この中でも，「**チームとしての学校**」の体制を整備することの重要性が指摘されています。

　ここでは学校が，複雑化・多様化した課題を解決し，子どもに必要な資質・能力を育んでいくために，学校のマネジメントを強化し，組織として教育活動に取り組む指導体制を整備する必要があるとされています。つまり，学校カウンセリングを充実していくために，学校や教師が心理や福祉等の専門スタッフ等と連携・分担する体制を整備することが重要になります。このような「チームとしての学校」の体制を整備することによって，教職員一人ひとりが自らの専門性を発揮するとともに，心理や福祉の専門スタッフとの協働により，課題解決に求められる専門性や経験を補い，学校カウンセリングを充実していくことが今後の学校カウンセリングの在り方として期待されています。また，これまで以上の学校と家庭や地域との連携・協働により，ともに子どもの成長を支えていく体制をつくることも重要になっています。

　注　本章で紹介した学校カウンセリングの実践例は，居澤朋子教諭にご協力いただき，居澤（2014）を一部加筆・修正したものである。

●練習問題　次の各文に含まれる誤りを適切に修正しなさい（解説は章末）。
　①学校カウンセリングには，予防的カウンセリング，治療的カウンセリングの二つの側面がある。
　②治療的カウンセリングでは，学級担任が学級の中で責任をもって個別に対応する必要がある。
　③「チーム学校」の推進において，教師は心理や福祉など様々な専門性を身につけることによって学校カウンセリングを充実する姿勢が求められる。

49

もっと詳しく知りたい人のための文献紹介

石隈利紀（1999）．学校心理学——教師・スクールカウンセラー・保護者のチームによる心理教育的援助サービス　誠信書房
　　⇨教師，スクールカウンセラー，保護者がチームとなって，学校や地域の豊かな援助資源を活用しながら子どもを援助する方法が解説されています。
上地安昭（編著）古谷雄作（著）(2014)．イラスト版 教師のためのすぐに使えるカウンセリングスキル——子どもを理解し発達を支援する指導のポイント　合同出版
　　⇨教師が使えるカウンセリング的指導法とカウンセリングマインドがイラストなどを含め，具体的・実践的に解説されています。

引用文献

新井邦二郎（2009）．学校カウンセリング　新井邦二郎・濱口佳和・佐藤純（編）教育心理学——学校での子どもの成長を目指して　培風館
石隈利紀（1999）．学校心理学——教師・スクールカウンセラー・保護者のチームによる心理教育的援助サービス　誠信書房
石隈利紀・田村節子（2003）．石隈・田村式援助シートによるチーム援助入門　学校心理学・実践編　図書文化社
居澤朋子（2014）．支援の必要な子も，困っている保護者もほっとできる学校教育相談活動——これまでの出会いから生まれた現在の教育相談活動　月刊学校教育相談，10月号，44-49.
国分康孝（1992）．生徒-教師関係　氏原寛・小川捷之・東山紘久・村瀬孝雄・山中康裕（編）心理臨床大事典　培風館　pp.1107-1110.
文部科学省（2010）．生徒指導提要　文部科学省
日本心理学会（編）(2011)．公益社団法人日本心理学会倫理規程　日本心理学会
上地安昭（編著）古谷雄作（著）(2014)．イラスト版 教師のためのすぐに使えるカウンセリングスキル——子どもを理解し発達を支援する指導のポイント　合同出版

●練習問題の解説

　①学校カウンセリングには，開発的カウンセリング，予防的カウンセリング，治療的カウンセリングの三つの側面があります。
　②治療的カウンセリングでは，必要に応じて外部の専門機関や，医師などの専

第3章　カウンセリング

門家へのリファーや援助チームによる援助を行います。

　③「チーム学校」の推進において，教師が心理や福祉等の専門スタッフ等と連携・分担する体制を整備し，学校カウンセリングを充実する姿勢が求められます。

■ トピックス〈教育相談の現場〉② ■

傾聴の力

　教育相談は，教師が行う相談活動と言われますが，その相談活動のもっとも基礎にあたるのが傾聴であると筆者は考えています。音楽を習うときに，まずド・レ・ミの音階から学ぶのと同じように，教育相談を学ぶためには，まず傾聴を学んでおく必要があります。実際の教育現場では，発達障害や精神疾患などを抱える児童生徒への対応が求められ，クラス内ではいじめや校内暴力，家庭では虐待があるケースなど，教師生活を送る中で様々なことに直面します。こうした事態に出会ったときには，なにより児童生徒や保護者と関係を構築することが重要になり，そのためには傾聴というかかわり方が必要になってきます。

　傾聴と聞くと，臨床心理士や公認心理師といった専門家が行うものと思うかもしれません。たしかにカウンセリングの中で，傾聴は重視されます。そのため，「傾聴＝専門家が行うもの」と認識されてしまい，敬遠されることもあります。しかし，傾聴というのは，カウンセリングといった非日常的な空間に限らず，日常生活や教育活動においても有益なものなのです。少し傾聴の歴史を解説しましょう。

　話を聴く重要性，とくに相談者が話したことに対して解釈せず，シンプルに話を聴き続ける重要性を見出したのは，アメリカ合衆国の心理学者カール・ロジャーズ（Carl Rogers）です。彼は，相談者が気持ちを表現することで自己理解が促されると考え，どのような気持ちであっても自由に表現できるような関係（態度）が重要と考えました。それが，対人援助職に必要な態度として著名な中核三条件です。自己一致（誠実さ），無条件の肯定的配慮（眼差し），共感的理解の三つがあり，対人援助職に必要な態度として紹介されるものです（河﨑，2016参照）。この態度の必要性は，当初カウンセリングにおいてのみ強調されていましたが，後に日常的な対人関係，つまり夫婦や親子，上司と部下，そして教師と児童生徒との関係にまで拡張しています。

　ロジャーズの実践は，日本にも紹介され，1960年代には一大ムーブメントが起こりました。ただし，訳出の問題や誤解なども重なり，非難されたことも事実です。ロジャーズが傾聴の実際よりも，優先して態度を強調していたため，誤解が生じやすかったのかもしれません。ここでは，傾聴の実技をロジャーズよりも重視したユージン・ジェンドリン（Eugene Gendlin）の実践に触れたいと思います。

ジェンドリンは，アメリカ合衆国の哲学者であり心理学者です。ロジャーズと共同研究していた彼は，**フォーカシング**と呼ばれる自己理解を促す方法を考案したことで知られています。フォーカシングの解説書（Gendlin, 1981）には，傾聴マニュアルの章が設けられており，フォーカシングの技法よりもページが割かれるほど，傾聴を重視しています。ジェンドリンは，傾聴において聴き手が話すことは，話し手の話したことを確認する（リフレクション）ときと，聴き手が聞き逃したり，理解できなかったことについて尋ねるときの二つだけだと解説します。聴き手が傾聴に徹することで，話す側は**安心**して自分がどんなものを感じているのかを確かめたり，整理することができ，体験を豊かなものにしていけるのです。つまり，傾聴というのは，「悩み」を聴くためだけの方法ではなく，話し手の体験を豊かにするアクティブなかかわり方なのです。

最近の傾聴研究（河﨑, 2015）からは，四つの側面が見出されています。傾聴は，①話し手が態度や気持ちに気づく場であり，②聴き手が理解したことを確認する場であり，③話し手の体験が進展する場であり，④聴き手と話し手の出会いの場でもあるのです。傾聴という基盤があるからこそ，関係を築くことができ，各種の質問技法や体験的な実験も活きてきます。また傾聴体験は，話し手（児童生徒）の**主体感覚**（体験を伴った自律性の感覚）（吉良, 2002）を育み，その人に備わっている可能性を賦活するものです。教師のかかわりによって，児童生徒がより主体感覚を持って物事にかかわっていこうとする。児童生徒のこうした姿を見ることも教師生活の醍醐味なのではないでしょうか。

引用文献

Gendlin, E. T.（1981）. *Focusing,* 2nd ed.　Bantam Books.

河﨑俊博（2015）．リフレクションという応答の意義から観た傾聴の諸側面　心理臨床学研究，**33**(5)，508-518.

河﨑俊博（2016）．人間性心理学　藤田哲也（監修）串崎真志（編著）　絶対役立つ臨床心理学　ミネルヴァ書房　pp. 163-176.

吉良安之（2002）．主体感覚とその賦活化——体験過程療法からの出発と展開　九州大学出版会

第**4**章　コンサルテーション
——よりよい指導・援助のための協働

　学校生活や家庭生活で大きな困難を抱えている子どもは，学校の他にも医療機関や福祉施設などとのかかわりを持っている場合があります。現在の学校では保護者との連携や学校内の連携にとどまらず，様々な関係機関と連携し，チームを組んで子どもの援助をすることが求められています。本章では保護者やスクールカウンセラー，その他の様々な専門性を有する関係機関とよりよい連携を行うために必要なコンサルテーションについて解説します。

1　コンサルテーションとは

1-1　コンサルテーションの定義

　コンサルテーションは医療や教育など様々な分野で実践されています。教育領域におけるコンサルテーションとは，「異なった専門性や役割をもつ者同士が子どもの問題状況について検討し今後の援助の在り方について話し合うプロセス」と定義されます（石隈，1999）。つまり，異なる専門性（教師とスクールカウンセラーなど）や異なる役割（管理職の教師と担任教師など）をもつ者同士で子どもの援助について話し合う作戦会議のことです。たとえば教師が担任している学級の不登校の子どもとのかかわりについて困っているときに，スクールカウンセラーが教師の相談に乗って具体的なかかわり方を一緒に考えることはコンサルテーション（コンサルタントはスクールカウンセラー，コンサルティは教師）と言えます。この場合，スクールカウンセラーと子どもの関係は教師を介した間接的なものになります。相談を受け，助言する側のことをコンサルタントと

言い，職業上の問題解決を望む側（相談する側）のことを**コンサルティ**と呼びます。コンサルタントは子どもを間接的に援助するとともに，コンサルティの援助能力の向上を目的とします（石隈，1999）。

1-2　コンサルテーションの方法

　丹羽（2017）はコンサルテーションのモデルとして，メンタルヘルス・コンサルテーション，システムズ・コンサルテーション，行動コンサルテーションという三つを紹介しています。これらの中でも**行動コンサルテーション**は特別支援教育において多くの実践が紹介されています（たとえば，加藤・大石，2004）。また，後述するように，コンサルタントとコンサルティが入れ替わりながら話し合いが進む相互コンサルテーションという方法もあります（石隈，1999）。

　コンサルテーションにおけるコンサルタントとコンサルティの関係は上下関係ではなく対等な関係です。具体的には，コンサルタントが提案した援助方法を実際に行うかどうかはコンサルティの自主性に任されますし，コンサルタントには自主性を保障するような働きかけが求められます。

2　コンサルテーションの実践例

2-1　コンサルテーションの流れ

　教育現場で多く行われている問題解決型のコンサルテーション（石隈，1999）の流れを図 4-1 に示しました。コンサルテーションがうまくいくためには，対象者（問題状況にいる子どもなど）の行動をよく観察すること，コンサルティの気持ちにも配慮すること，コンサルタント自身も助けられることをいとわないこと，の三つが重要です（田村，2013a）。

2-2　支援の実際

　コンサルテーションの実際の様子（創作事例）を基に考えます。

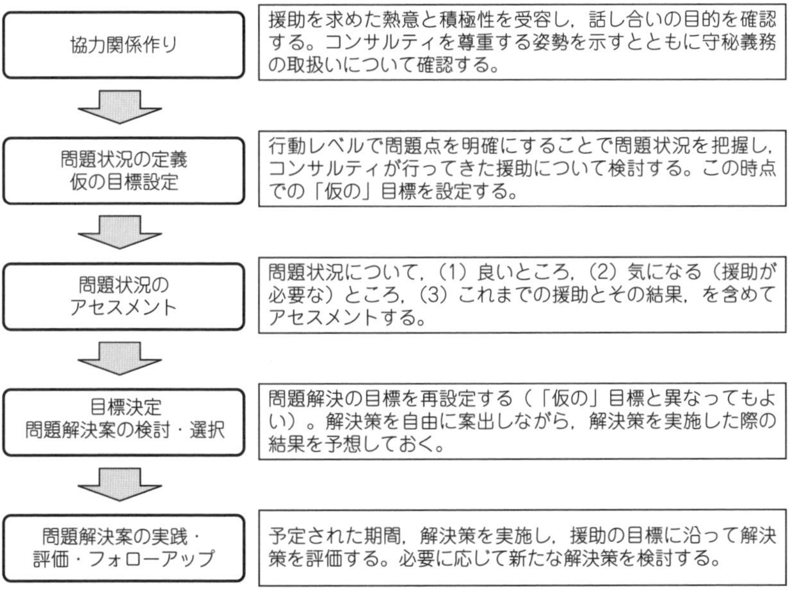
協力関係作り
援助を求めた熱意と積極性を受容し，話し合いの目的を確認する。コンサルティを尊重する姿勢を示すとともに守秘義務の取扱いについて確認する。
問題状況の定義
仮の目標設定
行動レベルで問題点を明確にすることで問題状況を把握し，コンサルティが行ってきた援助について検討する。この時点での「仮の」目標を設定する。
問題状況の
アセスメント
問題状況について，（1）良いところ，（2）気になる（援助が必要な）ところ，（3）これまでの援助とその結果，を含めてアセスメントする。
目標決定
問題解決案の検討・選択
問題解決の目標を再設定する（「仮の」目標と異なってもよい）。解決策を自由に案出しながら，解決策を実施した際の結果を予想しておく。
問題解決案の実践・
評価・フォローアップ
予定された期間，解決策を実施し，援助の目標に沿って解決策を評価する。必要に応じて新たな解決策を検討する。

図 4-1　問題解決型のコンサルテーションの一般的な流れ

（出所）　石隈（1999）を基に作成

【不登校中学生の家庭訪問がうまくいかない事例】

コンサルタント：スクールカウンセラー（以下，SC）

コンサルティ：不登校生徒A（１学年男子）の担任教師（以下，担任）

夏休み直前にSCが勤務したある日，Aの担任教師から「放課後にAのことで相談したい」と言われました。Aについてはこれまでにも担任とSCで情報共有しており，以下の情報をすでに把握しています。

- ５月に２回の欠席があり，６月の運動会の練習と本番は参加してクラスの人と楽しそうに過ごしたが，その後も欠席が断続的に続き，期末テストを休んだ。
- 休んでいても土日は友達と遊んでいる。
- 小学校５，６年生のときも授業についていけずに不登校になったため，担任は勉強についていけないことが欠席の大きな理由ではないかと思っている。

• 担任は，今なら勉強もまだ取り返しがつくし，あまり時間が空くとクラスの人
間関係ができてしまって余計仲間に入りにくくなるだろうから，できるだけ早
く登校してほしいと思っている。

放課後，職員室で話し合いが始まりました。

担任　先生，忙しいところすみません。Aのことですけどいいですか？

SC　ええ，もちろん。生徒の情報を先生たちと共有できるので，私も助かっ
ています。Aのことですね。どんな様子ですか？

担任　期末テストを休んでからずっと欠席していて，家庭訪問してもいつも会
えないんです。どうしたらいいですか？

SC　それは困りましたね。家庭訪問はどんな風にしていますか？

担任　家に電話して，お母さんが出るので『最近どうですか？』と少し話して，
Aに替わってもらって，『元気か？』とか，『みんなAが学校に来るのを待ってい
るよ』とか言って，一言Aの言葉を聞いてから，『いつまでも休んでいるわけに
いかないし，これからどうするか話したいから，夕方に家に行くね』と言う感じ
です。最近は，『前は家に行ったけど会えなかったから，今度は会おうね。約束だ
よ？』と言っています。

SC　電話には出てくれるんですね。それでAは，どんな反応ですか？

担任　『……はい』と，間を置いて一言返事するくらいです。私と会うのは，乗
り気ではないですね。

SC　ふーん，そういう感じですか。それで，家に行くと？

担任　お母さんが出迎えてくれて，リビングに通されて待っている間に，お母
さんが2階の部屋にAを呼びに行くんですけど，降りてこないんです。お母さん
も申し訳なさそうに『先生が来るまではここでテレビを見ていたのに，先生が来
たらベッドに入って布団をかぶったまま，うんともすんとも言わなくて……』と
言います。それで，お母さんと話して帰る，というパターンですね。小学生のと
きにも不登校だったので，お母さんもAが登校するのは半分あきらめているよう
な雰囲気を感じました。

SC　ああ，ありがとうございます。家庭訪問の様子がだいぶイメージできま
した。それで，先生としては家庭訪問してAと会いたいんですよね？

担任　はい。

SC　会って，何と言いたいですか？

担任　そうですね……。まあすぐに，学校に無理やり連れて来たいとは思わないし，……，『期末テスト受けなさい』とか『夏休みの宿題出しなさい』とか，まあそれは気になりますけど，……，まずは元気にしているのかどうかとか，ずっと休んでいて心配なことはないかとか，私にしてほしいことはないかとか，聞きたいです。

SC　Aのことが心配で，直接会って様子を知りたいんですね。

担任　はい，心配です。

SC　今までの話を聞いて，家庭訪問してAと会うために，やり方を変えた方がよさそうですね。Aは電話であまり自分から話さないようなので，今，先生がおっしゃったように，『Aのことが心配だから会いたいんだ』ということと，『会っても無理やり学校に連れて行ったり勉強させたりはしないよ』ということを電話で伝えたらどうでしょうか？　もしかしたらAはそんなことを恐れて先生と会おうとしないのかもしれません。

担任　ああ，そうですね。私はそのつもりでも，Aには伝わってなかったんですね。

SC　その可能性はありますね。そして，先生がリビングにいると，待ち構えているようでAも余計に降りてきづらいでしょうから，家庭訪問したときは玄関先で立ち話程度で帰ってきてはどうですか？　Aにも電話で，『玄関で話して，5分くらいで帰るよ』と伝えておいて。

担任　えっそれでいいんですか？

SC　現状として先生がAに会いたいという目標を達成するには，その方が可能性が高いと思います。まずはそこから先生とAの信頼関係を深めて，次につなげてはどうでしょうか？

担任　そうします。じつは，リビングで待っている時間が落ち着かないし，お母さんともそろそろ話すことがなくなってきて，正直な話，家庭訪問がちょっと，おっくうになっていたんです。

SC　先生とAと，もしかしたらお母さんも，みんな大変だったのかもしれないですね。私はAに直接会っていませんし，この方法がうまくいくかどうかはわからないですが，何回か試す中でAの方から玄関まで来てくれるようになれば，それはA本人の自主的な動きでA自身の成長につながります。ですが，あまりうまくいかないようであれば一旦止めて，別の方法を考えましょう。次の私の勤務日に，どうだったか教えてください。

> 担任　わかりました。やってみます。ありがとうございました。

　この事例ではスクールカウンセラーは生徒への直接的な援助はせず，担任に助言をすることで間接的にＡへの援助を行っています。このような関係がコンサルテーションです。

◆アクティブ・ラーニング

　図4-1のコンサルテーションの流れの五つのステップ（理論）と事例におけるスクールカウンセラーのかかわり方（質問や応答など）は，どの部分がそれぞれ対応しているでしょうか？　対応する部分を指摘しましょう。

　また，あなたがこの事例の担任教師だったとしたら，スクールカウンセラーとの会話が進む中でどんな気持ちの変化がありそうですか？　想像してみましょう。

　この事例が継続し，生徒や母親がスクールカウンセラーと面接するために学校に来るようになれば，スクールカウンセラーは直接的援助（対生徒）と間接的援助（対担任教師，対保護者）の両方を行う立場となります。このような関係はコラボレーション（宇留田，2003）やチーム援助（石隈・田村，2003）と呼ばれ，学校現場でよく見られる協働の形態です。

3　コンサルテーションの実際的問題

3-1　コンサルティに求められる姿勢

　コンサルテーションではコンサルティの自主性を尊重し，基本的には職業上の課題を抱えた教師が自ら相談することでコンサルテーションが始まります。つまり，困っていても助けを求めない（相談しない，ためらう）教師はコンサルテーションを受けにくいと言えます。教師の相談しない心理は援助要請という概念から，「困っていないから相談しない」，「助けてほしいと思わないから相談しない」，「『助けて』と言えないから相談しない」の三つに分類されます（本田，2014）。教師が職業上の課題を自分一人で解決できないときに相談することは，職業上不可欠な能力と言えるでしょう。

3-2 相互コンサルテーションとしてのチーム援助

　先ほど紹介した事例はスクールカウンセラーがコンサルタント，教師がコンサルティでしたが，実際の学校では1回の話し合いの中でコンサルタントとコンサルティが入れ替わったり，コンサルタントが子どもへの直接的な援助も同時に行ったり，保護者を含めた話し合いが行われたりします。石隈（1999）は

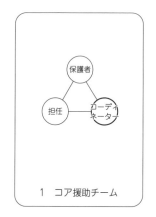

1　コア援助チーム

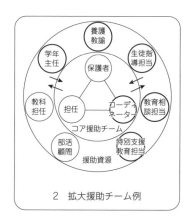

2　拡大援助チーム例

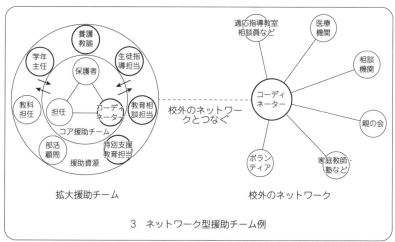

3　ネットワーク型援助チーム例

図4-2　援助チームの代表的な三つの形
（注）　太丸の援助者がコーディネーターになりうる。
（出所）　石隈・田村（2003）

このような話し合いを**相互コンサルテーション**と呼び，代表的な形態としてチーム援助があります。

チーム援助とは，「複数の援助者が，共通の目標を持って，役割分担をしながら子どもの援助に当たること」であり，ある子どもに対して一緒に援助を行う人たちの集まりを「**援助チーム**」と呼びます（石隈・田村，2003）。石隈・田村（2003）によれば，援助チームの目的は学校生活における子どもの問題の解決の援助と発達の促進を複数の援助者で行うことであり，援助チームでの話し合いの中で子どもの**援助ニーズ**，**自助資源**（強いところや潜在能力など）と**援助資源**（学校・家庭・地域にいる助けになる人や機関など）をアセスメントし，援助チーム構成員が実行可能な援助の案を作り，実施し，次の機会に評価します。石隈・田村（2003）は援助チームの形態を紹介しています（図4-2）。この図における「コーディネーター」とは，話し合いの参加者同士をつなぐ役割の人のことであり，教育相談担当，学年主任，生徒指導担当，養護教諭，特別支援教育担当，スクールカウンセラーなどが担います（石隈・田村，2003）。

3-3 連携における保護者の心理

保護者は子どもにとっての援助者であると同時に，保護者自身も悩み傷ついていることが多く，援助を受ける者でもあります。田村（2013b）が指摘するように，保護者は子どもの援助者としての役割と，家庭での親としての役割の両方を有しているためです。

連携が難しい保護者の例として，田村（2013b）は心理的な混乱が大きい保護者と，苦情や要求が強い保護者を挙げています。前者は自分の子育てを責めたり自分自身を否定したりする保護者であり，まずは保護者の話をよく聴くなどして心理的な安定をめざす必要があります。後者は学校を責めるなどする保護者であり，怒りを伴う強い要求の裏にあるニーズ（何に困っているのか）を把握し具体的な援助案を示すと心理的に安定しやすいと考えられます（田村，2013b）。子どもが学校生活で何らかの困難を抱えているときには保護者も程度の差はあれ不安や動揺を感じるものであり，そのような保護者の感情の揺れ動きを感じ

第4章　コンサルテーション

コラム4-1：チームとしての学校

　中央教育審議会（2015）の「チームとしての学校の在り方と今後の改善方策について（答申）」の中で「**チームとしての学校**」という名称が使われました。この答申によれば，「チームとしての学校」像は，「校長のリーダーシップの下，カリキュラム，日々の教育活動，学校の資源が一体的にマネジメントされ，教職員や学校内の多様な人材が，それぞれの専門性を生かして能力を発揮し，子供たちに必要な資質・能力を確実に身に付けさせることができる学校」とされ，実現するための三つの視点（「**専門性に基づくチーム体制の構築**」，「**学校のマネジメント機能の強化**」，「**教職員一人一人が力を発揮できる環境の整備**」）が提示されています。言い換えれば，多様な専門性を持つ職員の配置を進め，教師と多様な専門性を持つ職員が一つのチームとしてそれぞれの専門性を生かして連携・分担する学校のことです。

　つまり，今後の学校は今まで以上に多様な専門スタッフ（表4-1）と一緒に子どもへの指導・援助を行う必要があります。本章で紹介したコンサルテーションや相互コンサルテーション（チーム援助）は，これらの専門性の異なる援助者同士がよりよい話し合いを行うための理論と方法であり，「チームとしての学校」を実現するために不可欠なものと言えます。

表4-1　「チームとしての学校」における教職員以外の専門スタッフ

心理や福祉に関する専門スタッフ
- スクールカウンセラー
- スクールソーシャルワーカー

授業等において教員を支援する専門スタッフ
- ICT支援員
- 学校司書
- 英語指導を行う外部人材と外国語指導助手（ALT）等
- 補習など，学校における教育活動を充実させるためのサポートスタッフ

部活動に関する専門スタッフ
- 部活動指導員

特別支援教育に関する専門スタッフ
- 医療的ケアを行う看護師等
- 特別支援教育支援員
- 言語聴覚士（ST），作業療法士（OT），理学療法士（PT）等の外部専門家
- 就職支援コーディネーター

（出所）　中央教育審議会（2015）を基に作成

取れる教師や援助者であることが大切です。

●練習問題　次の各文に含まれる誤りを適切に修正しなさい（解説は章末）。

①コンサルテーションの目的は一つであり，コンサルタントが対象者（問題状況にいる子どもなど）への間接的な援助を行うことである。

②コンサルテーションでは，問題解決のための話し合いのみでなく，相談に来たコンサルティ自身の問題へのカウンセリングを同時に行う。

③コンサルテーション後にどのような援助をするかはコンサルティが決定することであるため，実際に行った援助の結果を評価することにコンサルタントは関与しない。

もっと詳しく知りたい人のための文献紹介

石隈利紀・田村節子（2003）．石隈・田村式援助シートによるチーム援助入門　学校心理学・実践編　図書文化社

⇨相互コンサルテーションの代表的な方法であるチーム援助の具体的な方法と事例が丁寧に紹介されています。

加藤哲文・大石幸二（編著）（2004）．特別支援教育を支える行動コンサルテーション　学苑社

⇨行動コンサルテーションの方法と実践例が紹介されています。

引用文献

中央教育審議会(2015)．チームとしての学校の在り方と今後の改善方策について（答申）http://www.mext.go.jp/b_menu/shingi/chukyo/chukyo0/toushin/__icsFiles/afieldfile/2016/02/05/1365657_00.pdf（2017年4月11日閲覧）

本田真大（2014）．「助けて」と言わない教師，「助けて」が届かない学校——援助要請の心理学から見えること　児童心理2014年8月号臨時増刊，19-24.

石隈利紀（1999）．学校心理学——教師・スクールカウンセラー・保護者のチームによる心理教育的援助サービス　誠信書房

石隈利紀・田村節子（2003）．石隈・田村式援助シートによるチーム援助入門　学校心理学・実践編　図書文化社

加藤哲文・大石幸二（編著）（2004）．特別支援教育を支える行動コンサルテーション　学苑社

丹羽郁夫（2017）．コンサルテーション　コミュニティ心理学研究，**20**，143-153.

田村節子（2013a）．子どもの発達を促進する「学校生活の質」を高めるための活動　水野治久・石隈利紀・田村節子・田村修一・飯田順子（編著）よくわかる学校心理学　ミネルヴァ書房　pp. 64-65.

田村節子（2013b）．パートナーとしての保護者　水野治久・石隈利紀・田村節子・田村修一・飯田順子（編著）よくわかる学校心理学　ミネルヴァ書房　pp. 74-75.

宇留田麗（2003）．コラボレーション　下山晴彦（編）よくわかる臨床心理学　ミネルヴァ書房　pp. 24-25.

●練習問題の解説

①コンサルテーションの目的は二つあり，一つは間接的な援助です。もう一つの目的はコンサルティの援助能力の向上です。

②コンサルテーションでは職業上の問題を扱い，個人の問題へのカウンセリングは行いません。

③問題解決型のコンサルテーションでは，問題解決案を実践した後の評価もコンサルテーションの一部であると考えます。

───── ■ トピックス〈教育相談の現場〉③ ■ ─────

教師とスクールカウンセラーの連携──学校におけるチーム支援と多職種協働

　生徒指導提要（文部科学省，2010）によれば，教育相談における**連携**とは，「学校だけでは対応しきれない児童生徒の問題行動に対して，関係者や関係機関と協力し合い，問題解決のために相互支援をすること」であり，**コラボレーション**の考え方を基に行うことが原則とされています。コラボレーションとは，専門性や役割が異なる専門家が協働する相互作用の過程を指します。中央教育審議会が2015（平成27）年12月に取りまとめた「**チーム学校**」構想においても，「学校が，より困難度を増している生徒指導上の課題に対応していくためには，教職員が心理や福祉等の専門家や関係機関，地域と連携し，チームとして課題解決に取り組むことが必要である」として，教師に加えて，心理や福祉の専門スタッフ（**スクールカウンセラー，スクールソーシャルワーカー**）等を学校現場で活用する方針が盛り込まれています。

　スクールカウンセラー（SC）は，「心の専門家」として小学校・中学校・高等学校等に配置されており，①児童生徒へのアセスメント活動，②児童生徒や保護者へのカウンセリング活動，③学校内におけるチーム体制の支援，④保護者，教職員に対する支援・相談・情報提供，⑤関係機関等の紹介，⑥教職員などへの研修活動，などを主な職務としています（文部科学省，2010）。不登校やいじめ等の未然防止と早期発見・早期対応，自殺予防，児童虐待や子どもの貧困対策など，学校や子どもを取り巻く多様な課題に対して，教職員とSCだけでなく多職種の専門家が連携・協働して対応することが期待されています。筆者はこれまで，公立の中学校1校・高等学校1校，私立の高等学校2校でSCとして勤務した経験がありますが，SCの勤務時間，勤務内容，求められる役割，連携の在り方等は各学校によって様々です。学校におけるチーム支援が効果的に展開されるためにも，教師とSCがお互いの専門性を尊重しながら役割分担し，協力関係を築くことが大切だと感じています。日常的な連絡や情報共有を通して個々の教師との信頼関係を築き，SCの側がそれぞれの学校の特色や文化を理解すること，学校側にもSCに何ができるか知ってもらうことで，それぞれの学校の状況に合わせた柔軟な対応を検討することができると考えています。

　教師とSCとの連携の重要性が示される一方で，学校現場では連携の難しさや課題についても指摘されています。松岡（2014）によると，SCは連携の準備，阻

第4章　コンサルテーション

害，模索，再構築，実行というプロセスを経て教師との連携を構築していくことが示されています。具体的には，連携の準備段階として「情報交換」と「見立ての伝達」が連携の土台となること，連携の阻害要因として教師の多忙やSCの勤務態勢による「時間の不足」「即時性のなさ」といったものに加え，「教員との意見・理解の相違」が重要な要因として語られていました。また，今後「チーム学校」構想においてSCの常勤化・週5日体制の配置が検討される中では，SCが学校との適切な間合いや距離を図ること（適切な外部性を保つこと）の重要性や，個人情報の取り扱いや情報共有のルールづくりの必要性も指摘されています（坪田，2016）。

引用文献

中央教育審議会（2015）．チームとしての学校の在り方と今後の改善方策について（答申）　http://www.mext.go.jp/b_menu/shingi/chukyo/chukyo0/toushin/1365657.htm（2017年4月1日閲覧）

松岡靖子（2014）．スクールカウンセラーの教員との連携構築プロセス――修正版グラウンデッド・セオリー・アプローチによる検討　カウンセリング研究，**47**，67-76.

文部科学省（2010）．生徒指導提要　教育図書

坪田知広（2016）．スクールカウンセラーへの期待　子どもの心と学校臨床，**15**，70-74.

第5章 ソーシャルスキル教育
──人間関係を広げ，深める援助の方法

> 　子どもの人間関係を築く力が低下していると言われ，現代では子ども同士や家庭生活に委ねるのではなく，学校教育の中で意図的・計画的に人間関係を築く力を高める必要があります。つまり，教師には学級集団の実態（子どもたちの人間関係を築く力の程度）を把握し，学級経営の目標（どんな子どもに育ってほしいか）を見据えた上で，適切な方法で指導・援助を行い，その結果を評価し次の教育実践に活かすという専門性が求められます。では，どのような指導・援助によって人間関係を築く力を育てるのでしょうか？　本章ではその一つの方法であるソーシャルスキル教育について解説します。

1 ソーシャルスキル教育とは

1-1 ソーシャルスキル

　近年，子どもたちの人間関係を築く力の低下が指摘され，学校教育の中で育成することが求められています。「人間関係を築く力」のとらえ方の一つがソーシャルスキルです。ソーシャルスキルとは「対人関係を円滑に運ぶための知識とそれに裏打ちされた具体的な技術やコツ」であり（佐藤・相川，2005），具体的には表5-1のような種類があります。これらの分類は高校生や大学生，社会人のソーシャルスキルをとらえる上でも参考になります。ソーシャルスキルは人間関係上のもめ事を起こさない程度の表面的な人間関係を作る技術ではなく，新しい人間関係を開始し，維持し，葛藤があっても修復できる能力と言えます。

表 5-1　小・中学校で基本となるソーシャルスキル

分類	内容（例）
関係開始	挨拶，自己紹介，仲間に加わる，仲間に誘う
関係維持	話を聴く，質問する，あたたかい言葉をかける，共感する
主張性	意見等を伝える，頼む，断る
問題解決	謝る，感情のコントロール，問題解決

（出所）佐藤・相川（2005），相川・佐藤（2006）を基に作成

　そして，学級・学年・全校といった集団を対象にソーシャルスキルを意図的・計画的に高める方法をソーシャルスキル教育（ソーシャルスキルトレーニング）と呼びます（佐藤・金山，2006）。ソーシャルスキル教育は生徒指導提要（文部科学省，2010）の中で「教育相談で活用できる新たな手法等」として紹介されている予防的・開発的教育相談の技法であり（コラム 5-1参照），よりよい人間関係を作ることを主な目的として実施されます。

1-2　ソーシャルスキル教育の方法と主な研究成果

　一般的なソーシャルスキル教育はコーチング法（インストラクション，モデリング，リハーサル，フィードバック，般化という流れ）で実施されます。ここでは学校でよく取り上げられる「上手な聴き方スキル」を例に解説します。まず，1 回の授業で一つのソーシャルスキル（上手な聴き方スキル）を取り上げ，インストラクションではそのスキルを学習する意義と必要性を伝えます。たとえば，話を上手に聴くとは情報が適切に伝わることに加えて，話した相手も「話してよかった」「もっと話したい」と気持ちが明るくなることである，といった説明を教師の体験談を交えながら伝えます。

　続くモデリングの段階では教師がロールプレイなどで学習するスキルを使う様子を実際に見せてスキルのポイントを明示します。上手な聴き方スキルの場合，教師の一人が話し役となって 2 分程度好きなことや趣味について話し，もう一人の教師が聴き役となります。1 回目のロールプレイでは聴き役はよくない聴き方（下を見る，背もたれに寄りかかる，腕組みする，など）を演じ，2 回目

では上手な聴き方（相手の方に体を向ける，相手の方を見る，あいづちを打つ，など）を演じます。これらのモデルを示した後，子どもたちに「どんな聴き方がよかったか」を具体的な行動で指摘してもらい，「上手な聴き方スキルのポイント」として板書します。

　その後子ども同士でロールプレイによりスキルを練習し（リハーサル），ロールプレイの相手や観察役からスキルのポイントを中心によかったところと改善点を言ってもらいます（フィードバック）。以降ではロールプレイの役割や相手を変えながらリハーサルとフィードバックを繰り返します。しかし１回の授業で練習しただけでは日常場面でそのスキルを使うようになるとは見込めず，今後１週間は学習したスキルを意識的に使って一日の終わりに発表するなど定着化のための方法を加えます（般化）。

　日本で行われたソーシャルスキル教育の効果を分析した高橋・小関（2011）によれば，ソーシャルスキル教育の効果は一定程度見られており，とくに小学校１～３年生を対象とした実践の効果が高いことが明らかにされています。

2　ソーシャルスキル教育の実践例

　公立高等学校総合学科１年生３学級112名を対象に，X年４～５月に必修科目「総合社会と人間」で行われた実践を紹介します。

2-1　学校の特徴のアセスメントとソーシャルスキル教育の計画

　教師からの聞き取りによる学校の特徴は，近隣の三つの中学校からの進学生が大半であり，その他の中学校からは１割程度が進学していること，各中学校のリーダー的存在の生徒は他校への進学が多いため自己主張やリーダーシップを発揮できる生徒が少ないこと，中途退学者は各学年を通じて同程度であること，でした。これらの学校の特徴と教師の希望を踏まえ，ソーシャルスキル教育の実践の目標を表5-2に示す三つとしました。

　以上の実態と目標から合計６回のソーシャルスキル教育を実施しました。各

表 5-2　ソーシャルスキル教育の実施概要

実践の目標

1．高校入学後の新たな人間関係の形成を円滑にする。
2．適切な自己主張やリーダーシップの発揮を促進する。
3．中途退学を予防する。

実施回	ターゲット スキル	目標との 関連	概要
第1回	—	1，3	グループワーク・トレーニングのプログラム（「一方向・双方向のコミュニケーション」）を行い，次回以降の活動で積極的に他者とかかわる動機づけを高め，集団活動に慣れることをめざす。
第2回	上手な聴き方	1，3	コミュニケーションの基礎となる話の聴き方をロールプレイで練習する。練習の中で自分の好きなことなどをお互いに話し，人間関係づくりを行う。
第3回	あたたかい 言葉かけ	1，3	あたたかい言葉かけ（言われて嬉しくなったり安心したりする言葉）をロールプレイで練習する。前時の上手な聴き方とあわせて基本的な話の聴き方・話し方（声のかけ方）の練習とする。
第4回	上手な頼み方	2，3	友人関係で相手に配慮しながら自分の要求を伝える方法（自分も相手も尊重した自己主張）をロールプレイで練習する。とくに自分が困っているときに相手に頼む場面で練習を繰り返す。
第5回	上手な断り方	2，3	友人関係で相手に配慮しながら自分の要求を伝える方法（自分も相手も尊重した自己主張）をロールプレイで練習する。とくに相手からの頼みを断る場面で練習を繰り返す。
第6回	上記の四つ	2，3	「スキルの総合練習」として，スキルの般化促進のために学習した四つのスキルを使いながら高校生および初対面の大学生・大学院生と練習する。

（出所）　本田（2016）を一部修正

回でねらいとするスキル（ターゲットスキル）と活動の目的，概要を表 5-2 に示しました。第1，3，5回は高等学校の教師が学級ごとに実施し，第2，4，6回は筆者（研究者）が学年全体を対象に体育館で実施しました。計画の中で特徴的な点は以下の二つでした。第一に，実践校においては生徒同士がロールプレイに慣れておらず，リハーサルに抵抗を示す（練習に参加しない，ふざけてしまいソーシャルスキルの練習にならない）ことが予想されたため，第1回ではグループワーク・トレーニング（コラム 5-1参照）の中から参加しやすい内容を選択し，生徒同士でコミュニケーションの練習をする動機づけを高め抵抗感を

第 5 章　ソーシャルスキル教育

コラム 5-1：予防的・開発的教育相談の様々な方法

　時折，教師から「ソーシャルスキル教育と**構成的グループ・エンカウンター**の違いは何ですか？」，「**ピア・サポート**の実践発表と聞いて参加したら本校のソーシャルスキル教育と同じに思えました」など，予防的・開発的教育相談の技法間の差異がわかりにくいという意見を聞きます。ここでは生徒指導提要（文部科学省，2010）の中で「教育相談に活用できる新たな手法等」として挙げられている8種類の技法を中心に図 5-1 のように分類して解説します。この分類には各技法の背景にある理論や哲学は反映されていない点に十分に留意してください。

　予防的・開発的教育相談としてこれらの技法を用いる場合に共通する目的は「個人と集団の成長（自己理解と人間関係づくり）」であり（もちろん，個々の技法独自の目的はありますが），その目的達成に向かうアプローチによって三つに大別できます。図 5-1 の①は集団全体を高めることで個人の成長を促す方法であり，構成的グループエンカウンターなどが該当します。これらの特徴は個人を対象に実施するのではなく，あくまで（小）集団を対象に，集団が持つ力を活かして個人の成長を導く方法であるとも言えます。

　②のアプローチは集団に所属する一人ひとりの個人の成長を通して集団全体を高める方法です。ここに分類される技法は問題解決的教育相談として個人を対象に実施可能であり，集団を対象に予防的・開発的教育相談としても活用できます。

　③は特定個人の成長から集団全体の成長へと広げる方法です。ピア・サポートとは特定の集団（生徒会，保健委員会等）の子どもを抽出して①・②の方法でトレーニングを行ってピア・サポーターを育成し，そのピア・サポーターが主体的に学校のためになる活動を計画・実践・評価する活動です。ピア・サポーターの育成過程のみを見ると①・②と区別しにくいですが，その後の子どもたちの主体的な活動を展開しやすいように実践者が支えていく点に特徴があります。とはいえ，「ピア・サポートが良いならクラス全員をサポーターにしたい」という発想で実践すればソーシャルスキル教育などときわめて近い実践となり，構成的グループエンカウンターの中にソーシャルスキルなどの行動面の変容をねらいとしたエクササイズがあるなど，これらのアプローチは完全には分離しにくい部分があります。このような現状のために，教師が実践を見た際に技法間の違いがとらえにくいのでしょう。

　なお，図 5-1 の「対人関係ゲーム」（田上ほか，2007）と「グループワーク・トレーニング」（日本グループワーク・トレーニング協会，2012）は生徒指導提要（文部科学省，2010）には記載されていませんが，どちらもプログラムが豊富で

73

子どもたちに合わせて使いやすいです。一つの技法にこだわらず，学級の実態と学級経営の目標を見据えた上で最善と思われる技法を選択して実施できる実践者をめざしたいものです。

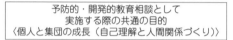

図 5-1　予防的・開発的教育相談の技法の分類

(注)　1）これら二つは生徒指導提要には記載されていない技法である。
　　　2）ライフスキルトレーニングには社会面や心理面を含めた広範な内容が含まれている。
　　　3）生徒指導提要では「ソーシャルスキルトレーニング」という用語が用いられているが，（小）集団を対象とした予防的・開発的教育相談として実施する際には「ソーシャルスキル教育」と呼ばれることが多い。

低めることを意図しました。ソーシャルスキル教育に関しては，第2回の様子を参観した教師が第3回，第5回を実施しました。第二に，第6回はターゲットスキルの般化促進（ひいては中途退学の予防）を目的とした「スキルの応用練習」として，大学生・大学院生19名を引率し，高校生5～6名のグループに1名ずつ加わることで初対面の相手にも学習したソーシャルスキルを使用する機会を提供するとともに，大学生の行動をモデリングする機会としました。なお，大学生・大学院生には事前に筆者が研修を行いました。

2-2　実施経過

　筆者が担当した第2，4回は体育館にて学年全体で実施し，よく練習したり話し合ったりしたグループがある一方で，ロールプレイの練習を行う生徒と参加しない生徒がいるグループもありました。これらの様子は実践者（筆者および教師数名）に対して生徒の人数規模が大きかったことや，体育館という広すぎる環境によって生徒の落ち着きがなくなったことなどの影響があると思われました。

> ◆アクティブ・ラーニング
> 　高校生がソーシャルスキル教育のリハーサルを行わない理由にはどんなものが考えられるでしょうか？　また，それぞれの理由に応じて実践者はどのような指導・援助を行えるでしょうか？　できるだけたくさん理由と対応策を挙げてみましょう。

　第6回は同じ体育館で学年全体を対象とした実践でしたが，生徒6～7名に対して大学生・大学院生が一人ずつ配置されました。初対面の大学生がいたこと，そして生徒の様子がお互いに見えやすい人数のグループであったことにより，適度な緊張感を持って練習する様子が観察されました。

2-3　効果の評価

　ソーシャルスキル教育の前後で生徒に質問紙への回答を求め，その回答を分析しました。その結果，一定程度のソーシャルスキルの向上が見られた点からは，第一の目標である「高校入学後の新たな人間関係の形成を円滑にすること」に貢献できたと判断できます。しかし，攻撃的な行動には変容が見られなかった（増加も減少もしていない）点から自己主張やリーダーシップが攻撃的な言動として表現されている可能性を考慮すると，第二の目標である「適切な自己主張やリーダーシップの発揮を促進すること」は十分には達成できなかったと言えるでしょう。そして，中途退学を予防する要因として学校生活の楽しさへの効果を検証しましたが十分な向上は認められず，実践終了後の時点では第三の目標である「中途退学の予防」に有効であったと結論づけることはできま

せんでした。したがって，十分に達成できなかった目標に対して，ソーシャル
スキル教育後の実践案（ホームルームの時間を活用した復習，掲示物の活用，学校
行事等の機会の活用）を筆者が学校に提案しました。

3 ソーシャルスキル教育の今後

3-1 ソーシャルスキル教育の展開と課題

　近年では社会や学校を取り巻く様々な課題に応じたソーシャルスキル教育が
求められています。たとえばいじめ**防止対策推進法**の第八条では，学校は様々
な関係者との連携を図りつつ，「学校全体でいじめの防止及び早期発見に取り
組むとともに，当該学校に在籍する児童等がいじめを受けていると思われると
きは，適切かつ迅速にこれに対処する責務を有する」ことが明示されました。
ソーシャルスキル教育で学ぶスキルは一般的に「いじめ」と認識されうる攻撃
的な行動（無視する，悪いうわさを流す，暴力で自分の欲求を満たす，等）とは反
対の行動であるため，いじめ**未然防止活動**としてソーシャルスキル教育を実施
することも可能です。また**インクルーシブ教育**との関連では，障害があるかな
いかにかかわらず一人ひとりの違い，すなわち多様性を認め合う人間関係や学
級集団の育成が不可欠であり，学級集団を対象としたソーシャルスキル教育が
担う役割は大きいでしょう。さらに**自殺予防教育**の観点（文部科学省，2014）か
らとらえると，ソーシャルスキル教育は「自殺予防教育」の前に必要な「下地
づくりの教育」（暖かい人間関係を築く教育）に位置づけられます。以上のように，
昨今の社会や学校が直面する様々な課題の解決のために教師がソーシャルスキ
ル教育を実践できることは有用であると言えます。実際に現職教師を対象にソ
ーシャルスキル教育の実践力を育成する方法も紹介されています（本田・金山，
2015）。

　様々な場面で活用しうるソーシャルスキル教育ですが，大きな課題として学
習したソーシャルスキルの般化が生じにくいことが指摘されています。般化を
促す方法として，佐藤・金山（2006）は学習したスキルを使える場面を考えた

第5章　ソーシャルスキル教育

り話し合ったりすること，スキルを思い出すための掲示物，日常場面でスキル
を実行する課題の提示，朝の会や帰りの会での復習，ソーシャルスキル教育以
外の授業での練習，学校のあらゆる場面でのフィードバック，学級通信での家
庭への周知と家庭でのフィードバックの推奨，という方法を挙げています。こ
れらの他にも様々な実践の報告がなされていますが，教師自身が児童生徒に対
して日頃からソーシャルスキルを使うことが大切です。言い換えれば，担任す
る学級の子どもたちに学習してほしいソーシャルスキルがあるならば，担任教
師自身がそのソーシャルスキルを子どもたちに使うことでモデリングの機会を
増やすことが重要です。

　ソーシャルスキル教育には注意点もあります。その一例は学級経営がうまく
いっていない学級での実施（小林，2005）です。たとえば他の生徒を傷つけたり
授業を妨害したりする生徒が一定程度見られる学級では学習規律や人間関係の
最低限のルールが徹底できていないと言えますが，安易にソーシャルスキル教
育を行うとリハーサルやロールプレイの段階で真面目に活動する生徒が馬鹿に
されて傷つく恐れがあります。この体験は「ソーシャルスキルを使ったら嫌な
思いをした」というものであり，ソーシャルスキル教育がめざすものとは反対
です。ソーシャルスキル教育を計画する際には，学級にいる児童生徒一人ひと
りが「ソーシャルスキルを使ってよかった」と思えそうか吟味する必要があり
ます。

3-2　現代の子どもたちに求められる「援助要請スキル」

　これまでのソーシャルスキル教育ではあまり指摘されていませんが，悩みを
相談するためのソーシャルスキル（**援助要請スキル**）も重要です。ベネッセ教育
総合研究所（2010）が小学4年生～高校2年生を対象に実施した調査の2009年
のデータから「日頃良く話す，一緒に遊ぶ友だち」が「いない」と回答した子
どもの割合は0.5～3.4％であったものの，「悩みごとを相談できる友だち」が
「いない」と回答した子どもの割合は5.7～16.9％であり，「一緒に遊ぶ友人はい
るが相談できる友人はいない」という児童生徒がある程度存在することが示唆

されます。文部科学省（2015）の調査においては，いじめ被害時に「誰にも相談しなかった」児童生徒の割合は小学生7.2％，中学生7.5％，高校生16.2％であり，いじめ被害という深刻な問題状況においても自ら相談しない（できない）子どもたちがいることは無視できません。

　そこで重要なものは援助要請スキルです。援助要請スキルとは自分が必要とする援助を的確に相手に求めるスキルであり（本田ほか，2010），適切な相手を選ぶこと，援助を求める方法を決めること，援助要請時の伝え方，という三つの要素から構成されています。苦しいときに相談できることは，いじめや自殺の深刻化の防止のみでなく，それらの予防においても重要であると考えられます。今後は援助要請スキルを学習するためのソーシャルスキル教育を開発することが求められるでしょう。

　注　本章で紹介したソーシャルスキル教育の実践例は本田（2016）を一部修正したものである。

●練習問題　次の各文に含まれる誤りを適切に修正しなさい（解説は章末）。
　①ソーシャルスキル教育は一般に，インストラクション，リハーサル，フィードバック，モデリング，般化の順に実施する。
　②ソーシャルスキル教育はいじめが起きた後の学級に実施するものであり，予防としては用いられない。
　③ソーシャルスキル教育は他の生徒を傷つけたり授業を妨害したりする生徒が多いような荒れた学級での実施に適している。

もっと詳しく知りたい人のための文献紹介

相川充・佐藤正二（編）（2006）．実践！ソーシャルスキル教育　中学校　図書文化
　　⇨ソーシャルスキル教育の指導案とワークシートが掲載されているほか，ソーシャルスキル教育の進め方や実践例が豊富です。
大阪府立子どもライフサポートセンター・服部隆志・大対香奈子（2014）．この

まま使える！　子どもの対人関係を育てる SST マニュアル——不登校・ひ
きこもりへの実践にもとづくトレーニング　ミネルヴァ書房
　⇨人間関係に苦手意識のある子どもたちにも参加しやすい工夫が盛り込まれて
　おり，ソーシャルスキル教育を行う際の細かな配慮点が学べます。

引用文献

相川充・佐藤正二（編）（2006）．実践！ソーシャルスキル教育　中学校　図書文
　　化社
ベネッセ教育総合研究所（2010）．第 2 回子ども生活実態基本調査報告書　ベネ
　　ッ セ 教 育 総 合 研 究 所　http://berd.benesse.jp/berd/center/open/report/
　　kodomoseikatu_data/2009/pdf/data_05.pdf　（2014年 4 月29日閲覧）
本田真大（2016）．高校生を対象とした集団社会的スキル訓練（ソーシャルスキ
　　ル教育）が被援助志向性に与える影響　学校臨床心理学研究（北海道教育大
　　学大学院教育研究科紀要），**13**，25-34.
本田真大・新井邦二郎・石隈利紀（2010）．援助要請スキル尺度の作成　学校心
　　理学研究，**10**，33-40.
本田真大・金山元春（2015）．現職教師のソーシャルスキル教育の実践力養成に
　　関する研究　日本学校心理士会年報，**7**，87-95.
小林正幸（2005）．先生のためのやさしいソーシャルスキル教育　ほんの森出版
文部科学省（2010）．生徒指導提要　教育図書
文部科学省（2014）．子供に伝えたい自殺予防——学校における自殺予防教育の導
　　入　http://www.mext.go.jp/component/b_menu/shingi/toushin/__icsFiles/
　　afieldfile/2014/09/10/1351886_02.pdf（2015年 6 月24日閲覧）
文部科学省（2015）．平成26年度「児童生徒の問題行動等生徒指導上の諸問題に関
　　する調査」における「いじめ」に関する調査等結果について　http://www.
　　mext.go.jp/b_menu/houdou/27/10/1363297.htm（2016年 6 月10日閲覧）
日本グループワーク・トレーニング協会（編）（2012）．関係力をみがく本　遊戯
　　社
佐藤正二・相川充（2005）．実践！ソーシャルスキル教育　小学校　図書文化社
佐藤正二・金山元春（2006）．中学校におけるソーシャルスキル教育の実践　相
　　川充・佐藤正二（編）　実践！ソーシャルスキル教育　中学校　図書文化社
　　pp. 8-21.
田上不二夫・今田里佳・岸田優代（編）（2007）．特別支援教育コーディネーター

のための対人関係ゲーム活用マニュアル　東洋館出版社

高橋史・小関俊祐（2011）．日本の子どもを対象とした学級単位の社会的スキル
　　訓練の効果——メタ分析による展望　行動療法研究, **37**, 183-194.

●練習問題の解説

　①インストラクションの後にモデリングを実施し，適切なスキルのポイントを
共有した上でリハーサルを行います。

　②いじめや不登校・中途退学の予防など，予防的・開発的教育相談の技法とし
て実施されます。

　③リハーサル・フィードバックの際に一人ひとりの子どもが「スキルを使って
よかった（楽しい，できた等）」という体験ができていることが重要であり，荒れ
た学級ではこの体験が得られにくいと予想されるため，適しているとは言えませ
ん。

第6章 ストレスマネジメント教育
――様々なストレスに対応する
力の醸成

私たちは，様々なストレスの中で生活を送っています。ストレスという言葉の意味は後述することにしますが，ストレスが私たちの健康に大きく関連していることは確かです。現在は，中学校の保健体育の学習指導要領においても，ストレスについての学習内容が扱われています。教師も，ストレスがどのようなもので，それがどのように健康と関連するのかを理解しておく必要があります。また，現在では，ストレスに対処する術を身につけ，心身の健康を維持するストレスマネジメントを学ぶ機会を，学校教育において子どもに提供することも求められています。本章では，このストレスマネジメント教育について解説します。

1 ストレスマネジメントとは

1-1 ストレスとは

ストレスと聞くと苦痛な出来事を思い浮かべるでしょうか。それとも，自分が感じている苦悩などの感情を思い浮かべるでしょうか。私たちは，あまりこれらを分けず曖昧に用いています。ここでは，フィリップス（Phillips, 1978）の「学校ストレスと不安パラダイム」やラザルスとフォークマン（Lazarus & Folkman, 1984）の「心理的ストレスモデル」を参考に，ストレスを，**ストレッサー**（個体に脅威を与えるきっかけとなる出来事），**ストレス反応**（ストレッサーにより引き起こされる気持ちや体の反応），**コーピング**（ストレッサーへの対処）というプロセスからとらえることとします。

ストレッサーは様々な出来事による刺激のことで，二つに大別できます。一つは「病気」や「仕事をクビになる」といった生活上の苦難であり，ライフイベントと呼ばれます。もう一つは，「成績が上がらない」や「人間関係のいざこざ」等の日々起こりうる困難です。ライフイベントは日々の出来事に比べて大きなインパクトに見えますが，日々起こりうる些細な困難もまた私たちの健康に大きな影響を与えることも知られています。また，出来事に対しコーピングが機能しなかったり，打つ手がないと感じられる場合には，ネガティブな気持ちになったり，眠れなかったりするなど，心身に反応が起こることもあります。こういった心身の反応は，ストレス反応と呼ばれ，主に心理的反応，行動的反応，身体的反応に分けられます（鈴木，2004）。

1-2　ストレスに対処する

　上記のようにストレスをプロセスとみて，それらに対処するような活動をストレスマネジメントと呼びます。ストレスマネジメントは，困難に陥っている個人を対象とすることもできますが，学校現場で行う場合，"一次的援助サービス"（石隈，1999）と呼ばれる，すべての児童生徒を対象とした予防的な**心理教育的アプローチ**の一環として教育課程の中で提供されるものです（第0章参照）。そして，**ストレスマネジメント教育**は，集団を対象に行えるものであり，学級担任であればクラス集団を対象にも実施できます。

　卜田（2007, 2008）は，日本における小中学生を対象とした，予防的ストレスマネジメント教育に関する研究をまとめています。それによると，ストレスマネジメント教育においては，呼吸法などのリラクセーションがもっともよく行われています。また，それ以外にも，ストレッサーに対する認知面（ストレッサーを強めたり弱めたりする物事のとらえ方）に対する介入や，第5章にもでてくる**アサーション・トレーニング**（主張訓練）を行ったものもあります。また，数は少ないですが，上記のストレス理論に関する知識や，ストレッサーに直面した際にどういったコーピングが機能しやすいかを学ぶプログラムもあります。

　一般的にストレスマネジメント教育は，**予防的アプローチ**として用いられま

第6章　ストレスマネジメント教育

表6-1　ストレスマネジメントの構成案

①ストレスとは何か？
⇒ストレッサー，コーピング（対処），ストレス反応について体験的に学ぶ
②リラクセーション体験
⇒気持ちを鎮めるリラクセーション法を学ぶ
③三つの言い方（アサーション・トレーニング）
⇒対人関係におけるストレスをうまくマネジメントする方法を学ぶ
④考え方とストレス
⇒ストレッサーへの認知によって気持ちと体の反応が異なることを学ぶ
⑤上手な話の聴き方
⇒子ども同士の関係をサポーティブなものにするため，「偉そうな聴き方」
　「真剣な聴き方」「ふざけた聴き方」などを体験する
⑥試験や試合を乗り越えるイメージトレーニング
⇒過緊張によるパフォーマンス低下を防ぐため，イメージとリラクセーショ
　ンを用いながら，適切な緊張状態を保持することを学ぶ

（出所）　冨永（2001, 2014）を参考に作成

す。また，上述したように，日本においては呼吸法や筋弛緩法といったリラク
セーション技法が多く用いられていましたが，これは一人でも用いることがで
きるストレスマネジメントとして有効です。しかし，ストレスを一連のプロセ
スとしてとらえた場合，ストレス反応だけを取り上げ，それへの対処であるリ
ラクセーションを行うだけでは，全体的なプロセスに対応していないという指
摘もできます。冨永（2001, 2014）はこうした現状から，より包括的なストレス
マネジメントを提案しています（表6-1）。冨永は，子どもたちにとって大きな
ストレッサーになりうるものに人間関係があることから，たとえばアサーショ
ン・トレーニングや，友だちの良い所を見つけて伝え合うといったワークが，
人間関係のストレッサーを緩和すると述べています。

　いずれにしても，ストレスがどのようなものかについて知り，それに対して
どのように対応していくかを学びつつ，同時に自らの体験を振り返ることがス
トレスマネジメント教育の要といえるでしょう。

2 ストレスマネジメント教育の実践例

ここでは，一般的なストレスマネジメント教育のプログラムを概観し，筆者とその共同研究者とが行った実践を紹介します。

2-1 ストレスマネジメント教育の基本構成

ストレスマネジメント教育は，ストレスに関連する多様な問題への予防的効果を目指して行われるものです。嶋田・五十川（2012）は，ストレスマネジメント教育の基本的構成要素として，「導入のワーク」「認知のワーク」「行動のワーク」「情動（感情）のワーク」「総合のワーク」を示しています。

導入のワークでは，自分を知るためのアンケート実施や，ストレスマネジメントがどういった目的で行われるのかを知り，児童生徒の動機づけを高めることなどが含まれています。認知のワークでは，ストレッサーに対する認知（受け止め方）によって，ストレス反応が変化しうることを学びます。たとえば，「朝おはようと言ったのに返事がなかった」というストレッサーに対し，「無視された」と認知するのと，「聞こえなかったのかな？」と認知するのとでは，その後の気持ちは大きく異なるでしょう。**認知のワーク**では，出来事の受け止め方に，気持ちが影響を受けていることを学べます。**行動のワーク**には，特定のストレッサーに対し，どのように対処するのかを，行為の視点から学ぶことになります。たとえば，進路を決めていくというストレスフルなプロセスにおいて，実際にオープンキャンパスや学園祭などに出向いて雰囲気を体感したり，どのようなキャリアが自分に合うかを調べたりするなどです。そしてそれらを実行（試行）しながら，自分に合った対応を体験的に理解することが肝要です。**情動のワーク**の中では，ストレス反応に含まれる情動について学び，それにどのように対応していくのかを学びます。たとえば，呼吸法や筋弛緩法で体のリラクセーションを得ることで，情動についても自分でコントロールできる可能性を学べます。**総合のワーク**は，ストレスマネジメントの導入で行われたアンケートの結果と導入後の結果を比較したり，自己理解を深めたりしながら，今

後の応用について学習していきます。

2-2 ストレスマネジメント教育の実践例

　ここでは実践例として，筆者とその共同研究者が行った実践を紹介します。筆者らは，公立中学校からの依頼で受験期の中学校3年生を対象としたグループワークを実施しました。学校は，中規模の中学校でした。学校としては，進路を決め受験に向かっていく時期でもあり，自分がどのような進路に進みたいのかを考えるために自分と向き合うこと，受験といったストレスフルな時期においても目標に向かっていくこと，心身のストレスについて理解を深めることを目的とすることが確認されました。

　プログラムはクラス単位（全4回）で行われ，筆者らは学校の依頼とストレス理論を勘案しつつ，「ストレスからどう身を守るか」だけではなく，ときにはストレスに遭遇しながらも，自らの人生を自らが方向付けていくことをめざしたプログラムを作成しました。プログラムは，Acceptance and Commitment Therapy（ACT）と呼ばれる，行動療法のエッセンスを取り入れたものでした（Ciarrochi et al., 2012）。プログラムの概要を表6-2に示します。

　第1回は「自分が大切にしていることを見つめてみよう」と題し，自分の人生をどのように色づけていくのかについて考えました。ACTではこれを，自分が大切にしたい「価値」を明確にするプロセスとしています。「価値」は自分の「大切にしたい心の声」や「心のコンパス（羅針盤）」に例えられ，自分が大切にしている価値を見つめるためのワークを実施しました。生徒の感想からは「これまで自分の心の声を聞いてみようと思ったことはなく新鮮だった」や

表6-2　ストレスマネジメントの実施概要

実施回	ねらいとワークの概要
第1回	自分が大切にしたいと思う「価値」について考える
第2回	思考抑制ではない認知のあり方を学ぶ
第3回	呼吸法を通じて今この瞬間に集中する
第4回	認知，感情との付き合い方を学び，価値を再確認する

「たまには心の声に耳を傾けるのもいいかなと思った」などがありました。第2回は「自分は〇〇だ」という言葉を思い浮かべてもらい（〇〇には自分が大切にしている価値，たとえば"感謝をされる人間"が入ります），そうした自分の価値を思い描こうとするときに出てきがちなネガティブな認知（たとえば，「どうせ無理」とか「ぜんぜん現実と違う」）を，どのように扱うかを学ぶ機会にしました。第3回は，ネガティブな認知や感情には，役に立つこともある（たとえば，「不安は準備行動を促す」）など，情動理解について学ぶとともにネガティブな認知や気持ちで心がいっぱいにならないようにして，それらと上手に距離をとるために呼吸法を実施しました。生徒の感想からは「心の声（価値）を聞こうとすると，それを妨害するような考えがうかぶこともあるけど，うまく距離を取って日々のことをやっていきたい」や「心の声を聞こうとして迷うこともある」，「呼吸法はとてもよかった」などの感想が得られました。第4回はまとめとして，「価値」の意味やネガティブな認知や感情との付き合い方を復習しつつ，価値に沿ってどのような行動をとることができるかを考えてもらいました。

2-3　効果の評価

　ストレスマネジメント教育の前と後，さらに受験終了後に質問紙への回答をしてもらい，ストレス状態や自尊感情などの得点を比較しました。ストレスマネジメント教育実施群と，統制群（とくに心理教育プログラムを実施しなかった群）を比較したところ，無気力得点や自尊感情などで，実施した群にポジティブな変化が見られました。また，第1回目から第4回目まで，それぞれプログラム終了後，児童生徒たちに4件法（1から4までの段階評価）で，授業の「理解度」と「役立ち度」を尋ねました。平均得点はいずれの回も「理解度」「役立ち度」ともに3.4〜3.7程度であり，プログラムを受講した生徒はおおむね内容を理解でき，また自分にとって役立つと判断したようでした。

コラム 6-1：ストレスはつねに悪者なのか?!

「最近ストレスが多くて」とか「あの仕事は大きなストレスだ」というように，私たちはネガティブな出来事と，それによって引き起こされる葛藤や欲求不満といった主観的苦悩を，つねに評価しながら生きています。そして，出来事のインパクトの大きさは，私たちの健康にたしかに影響を与えるようです。

かつて，ホームズとレイ（Holmes & Rahe, 1967）は興味深い研究を行いました。彼らは社会的再適応評価尺度という，ライフイベントとそのインパクトの大きさ（インパクトに対処するために必要な努力の大きさ＝再適応）をまとめました。今の日本社会にそぐわないものも存在しますが，表6-3に一覧を示します。

それによると，もっともその値が大きいのは「配偶者の死」であり，また，その他にも「離婚」や「失業」，「怪我や病気」といったものが高い値をとっています。一方，この尺度の中には「結婚」や「仕事上の達成」，「妊娠」といった，一

表6-3　ホームズとレイによる社会的再適応評価尺度

ランク	ライフイベント	値	ランク	ライフイベント	値
1	配偶者の死	100	23	子どもが家を離れる	29
2	離婚	73	24	姻戚トラブル	29
3	別居	65	25	仕事上の達成	28
4	刑務所に入る	63	26	妻の就業・離職	26
5	家族の死	63	27	進学・卒業・中退	26
6	怪我や病気	53	28	生活状況の変化	25
7	結婚	50	29	生活習慣の変更	24
8	失業	47	30	上司とのトラブル	23
9	夫婦間調停	45	31	勤務時間や条件の変更	20
10	退職	45	32	転居	20
11	家族の健康悪化	44	33	転校	20
12	妊娠	40	34	娯楽の変化	19
13	性的な困難さ	39	35	教会活動の変化	19
14	新たな家族の増加	39	36	社会活動の変化	18
15	職業上の再適応	39	37	1万ドル以下の借金	17
16	経済状況の変化	38	38	睡眠習慣の変化	16
17	親友の死	37	39	集える家族メンバーの変化	15
18	仕事の配置換え	36	40	食生活の変化	15
19	配偶者との口論増加	35	41	休暇	13
20	1万ドル以上の借金	31	42	クリスマス	12
21	抵当の損失	30	43	ちょっとした法律違反	11
22	仕事の責任の変化	29			

（出所）Holmes & Rahe（1967）

見するとポジティブな出来事も含まれています。ポジティブな出来事もまた，私たちがそれを日常に組み込むために対処していかねばならないという意味で，ストレスの一種といえるのです。そして，こうしたポジティブなストレスを含め，ストレス全般が私たちの心身に影響を与えています。

　子どもたちは，学校生活の中で，様々な出来事に遭遇します。入学や卒業，発表会や部活で大いに緊張することもあるでしょう。試験に合格して進学したり，試合で勝ち進むこともあれば，思うような結果が得られなかったり，様々なトラブルにも遭遇したりするはずです。よい出来事も，よくない出来事も，私たちがそれを日常的なこととしてとらえ，生活に組み込んでいく際に，心的なエネルギーを必要とします。ストレスマネジメントは，このストレスのプロセスに効果的に対処する方法を学ぶことをめざしたものでした。

　しかし，ストレスマネジメントはその性質上，「ストレスからどう身を守るか」に焦点が向きがちです。ただ，私たちは，ストレスや困難な出来事からも学び，成長につなげています。人々は困難を乗り越えることで，新しい対処スキルを学び，個人的・社会的な資源をより獲得できるようになります。パクら（Park et al., 1996）はこれを，「ストレス関連成長（stress-related growth）」と呼んでいます。このように，ストレスが成長の契機として作用することも明らかになってきました。それゆえ，ストレスを「悪玉」ととらえ，それを過剰に避け，身を守るだけでは，ストレスマネジメント教育の役割は不十分になってしまいます。ときには真摯にストレスに向き合い，それを乗り越える中で，成長していくことも必要です。ストレスに向き合い，それを乗り越えるためには心的な体力（エネルギー）が必要になります。そうした心のエネルギーを蓄え，必要なときに用いることができるよう，ストレスマネジメントの考え方を活用できたらよいでしょう。

◆アクティブ・ラーニング

　日ごろ，あなたにとってのストレスにはどのようなものがあるでしょうか。そのとき，どのような対処がうまくいき，うまくいかなかったでしょうか。ストレスモデルの流れに沿って，ストレッサー，コーピング（対処），ストレス反応の視点から考えてみましょう。また，プログラムの効果を検証するための方法には，上記以外にどのようなものがあるでしょうか。アンケート以外に効果を測定できそうな方法をグループで話し合ってみましょう。

第6章　ストレスマネジメント教育

3　ストレスマネジメント教育と異職種間のコラボレーション

3-1　実施における注意事項

　ストレスマネジメント教育において注意すべき点もあります。それは，授業等で扱われた内容だけが，ストレスマネジメントの本質であると勘違いさせてしまうところです。上記の基本構成や実践例の中で示さなかったことも含め，アメリカ心理学会（American Psychological Association, 2016）は，ストレスをマネジメントする五つのコツ（Tips）として，①ストレッサーから離れること，②ウォーキングやスイミングなど運動をすること，③笑顔や笑うこと，④周囲からサポートを得ること，⑤瞑想をあげています。これを踏まえると，たとえば休み時間に校庭で遊んだり図書室で好きな本を読んだりすることも，その人にとっての大きなストレスマネジメントになっていることがあります。私たちは，日々のストレスに自分たちなりに対処していますし，ストレスマネジメントという言葉を使わずとも，そうした内容の活動を行っています。ストレスマネジメント教育を行う際には，すでに行っている"日常的な活動"が，どのようにストレスモデルに基づいているかを再考していく機会を提供することが重要です。その上で「認知」や「感情」，「行動」のワークを取り入れていくことになります。ストレスマネジメントが，子どもたちの日常から離れすぎた概念として受け止められないように注意が必要です。さらに，睡眠や食事といった基本的生活習慣の上に，ストレスマネジメントが統合されなければ，意味がないことも明記しておきます。

　ストレスマネジメントには様々なワークが取り上げられますが，それらがある個人にとって，必ずしも合うスタイルではないこともあります。ストレスマネジメントでもっとも肝要なことは，世界保健機関（WHO）のオタワ憲章にて提唱されたヘルスプロモーションの提言にある，「人々が自らの健康をコントロールし，改善することができるようにするプロセス」に沿っていくことです。繰り返しになりますが，基本的生活の確保にストレスマネジメントを統合することで，自らの健康を維持・改善できることを，知的にも体験的にも会得して

いくことがストレスマネジメント教育では求められます。また，ストレスチェックのように，視覚的に自分のストレス状態をチェックできる資料を用いた授業を行うことで，授業の効果を高めることもできます。そのほかにも，実践例にもあったように，「理解度」や「役立ち度」といったものを尋ね，子どもたちがプログラムをどう受け止めているかを確認することも重要です。

3-2 ストレスマネジメントにおけるスクールカウンセラーとの協同

　ストレスマネジメント教育は，学校現場では総合的な学習の時間や保健体育の時間等で行われることになっています。たとえば，中学校学習指導要領解説保健体育編（文部科学省，2008）では，保健体育の学習内容として，「心身の機能の発達と心の健康」が取り上げられ，「ストレスへの適切な対処」について述べられています。保健体育の教科書でも，ストレスへの対処について，非常に具体的に述べられています。しかし，こうした授業を行う際，教師がストレスの単元を細かく扱うことは容易ではないようです。梶原ら（2009）は，保健の授業において，運動や趣味による気分転換は，ストレス対処法としてよく扱われるものの，リラクセーションのようなストレスマネジメントの中心技法はあまり指導されず，そうした技法についての教師の認知度も高くないことを示しています。

　上記に示したような，ストレスマネジメント教育の基本構成である，「認知」「行動」「情動」という基本構成を，教師が十分に把握することは時間的にも困難なことがあります。現在では，各学校にスクールカウンセラーの配置率が高まっています。そこで，ストレスマネジメント教育においては，教師と心理の専門家とがコラボレーション（協同）する形で実施されることが望まれていると言えるでしょう。スクールカウンセラーもまた，ストレスチェックやストレスマネジメント等の予防的心理教育に従事することが求められ，教師とのいっそうの協同が望まれています。

●練習問題　次の各文に含まれる誤りを適切に修正しなさい（解説は章末）。
　①ストレスとはいやな出来事を示しており，心身の反応は含まない。

②ストレスマネジメント教育は，呼吸法などのリラクセーション技法を行うことがもっとも重要とされる。

③ストレスマネジメント教育は学習指導要領解説にも記載されている学習内容であるため，教師が単独で行う必要がある。

もっと詳しく知りたい人のための文献紹介

冨永良喜（編著）（2014）．ストレスマネジメント理論による心とからだの健康観察と教育相談ツール集　あいり出版

　⇨ストレスマネジメント教育について，日常編と災害，事件，いじめ編の視点から書かれています。また，実践例も記載され，ストレスチェックなどの具体的なアンケート資料も載っています。

坂野雄二（監修）嶋田洋徳・鈴木伸一（編著）（2004）．学校，職場，地域におけるストレスマネジメント実践マニュアル　北大路書房

　⇨ストレス研究に関する概論も整備され，ストレスについての基礎的知識を学ぶことができます。さらに，様々なストレスマネジメント技法や実践例も記載されていることからストレスマネジメントの全体像を概観できます。

引用文献

American Psychological Association (2016). Five tips to help manage stress. http://www.apa.org/helpcenter/manage-stress.aspx（2016年 2 月21日閲覧）

Ciarrochi, J. V., Hayes, L., & Bailey, A. (2012). *Get Out of Your Mind and into Your Life for Teens: A Guide to Living an Extraordinary Life.* New Harbinger Publications.（チャロッキ，J. V.，ヘイズ，L., & ベイリー，A. 武藤崇（監修）大月友・石津憲一郎・下田芳幸（監訳）（2016）．セラピストが10代のあなたにすすめる ACT ワークブック　星和書店）

Holmes, T. H., & Rahe, R. H. (1967). The social readjustment rating scale. *Journal of Psychosomatic Research,* **11**, 213-218.

石隈利紀（1999）．学校心理学——教師・スクールカウンセラー・保護者のチームによる心理教育的援助サービス　誠信書房

梶原綾・藤原有子・藤塚千秋・小海節美・米谷正造・木村一彦（2009）．平成10年度改訂学習指導要領下の「保健」授業におけるストレスマネジメント教育に関する研究　川崎医療福祉学会誌，**18**，415-423.

Lazarus, R. S., & Folkman, S. (1984). *Stress, Appraisal and Coping.* Springer. (ラザルス，R. S., & フォルクマン，S. 本宮寛・春木豊・織田正美（訳）(1991). ストレスの心理学——認知的評価と対処の研究　実務教育出版)

文部科学省（2008）．中学校学習指導要領解説保健体育編　http://www.mext. go.jp/component/a_menu/education/micro_detail/__icsFiles/afieldfile/2011 /01/21/1234912_009.pdf（2016年 2 月20日閲覧）

Park, C. L., Cohen, L. H., & Murch, R. L.（1996）. Assessment and prediction of stress-related glowth. *Journal of Personality*, **64**, 71-105.

Phillips, B. N.（1978）. *School Stress and Anxiety: Theory, Research and Intervention.* Human Sciences Press.

嶋田洋徳・五十川ちよみ（2012）．中高生を対象としたストレスマネジメント教育　臨床心理学，**12**，783-788.

下田芳幸（2007）．中学校を対象とした予防的心理教育研究の実践動向　富山大学人間発達科学研究実践総合センター紀要，**6**，41-51.

下田芳幸（2008）．小学生を対象とした予防的心理教育研究の実践動向　富山大学人間発達科学研究実践総合センター紀要，**7**，71-84.

鈴木伸一（2004）．ストレス研究の発展と臨床応用の可能性　坂野雄二（監修）嶋田洋徳・鈴木伸一（編）　学校，職場，地域におけるストレスマネジメント実践マニュアル　北大路書房　pp. 3-11.

冨永良喜（2001）．スクールカウンセラーによるストレスマネジメント教育の実際　臨床心理学，**1**，171-176.

冨永良喜（2014）．ストレスマネジメント理論による心とからだの健康観察と教育相談ツール集　あいり出版

●練習問題の解説

①ストレスはストレッサー，コーピング，ストレス反応といった一連のプロセスのこととされます。

②呼吸法などの技法も含まれるが，その他にも，認知・行動・情動にかんする様々なスキルを扱うことも重要とされます。

③ストレスマネジメント教育は様々な技法や理論から構成されるため，教師とスクールカウンセラー等の専門家との協同の中で行われることが望ましいです。

第6章　ストレスマネジメント教育

────── ■ トピックス〈教育相談の現場〉④ ■ ──────

コンパッション教育

　いじめによる自死，貧困やそれに伴う教育格差，環境破壊や紛争など，胸を痛めるニュースが後を絶ちません。生きとし生けるものの苦しみを感じ，寄り添い，援助し合えるコミュニティの創造に，教育は貢献できるのでしょうか。

コンパッションの実践

　「コンパッション（慈悲）」は，他者の幸福を願い，助けたいという欲求を伴って苦悩を思いやる心性であり，接近的で向社会的な動機づけとして特徴づけられます（Singer & Klimecki, 2014）。コンパッションの実践では，観想（瞑想）的な取組を中心に，身近な人や見知らぬ人に対して，優しい気持ちを感じる（想像する）練習などを行います。その効果は，対他的側面のみならず，心身のストレス調整にも及ぶことが示唆されています。ある研究では，コンパッション・トレーニングの参加者（18〜45歳）は，他者の苦悩をシミュレートし，それに伴って自己に生じる苦痛を調整するだけではなく，幸福を援助することが快と感じられるように，脳のはたらきが変化することがわかりました（Weng et al., 2013）。また，仲嶺ら（2014）は，中学1年生159名を対象に，コンパッションに基づくワークで構成された計4回のプログラムを実施しました。その結果，コンパッションが介入前後で高まった群において，ソーシャルスキルと学級満足度が向上していました。里親制度での養育を受けている71名の青少年（平均年齢14.7歳）を対象とした研究では，6週間にわたる認知的コンパッション・トレーニングが実施されました（Pace et al., 2013）。トレーニングの所定時間に到達した26名を対象に分析を行ったところ，トレーニング・セッションの回数と，C反応性蛋白（病気や炎症で増加する身体の防衛反応）との間に，負の相関が認められました。

コンパッションのダークサイド

　他者に共感することで生じるネガティブ感情を抱えきれず，回避的反応をとることを「共感ストレス」と呼びます（Singer & Klimecki, 2014）。一方，マスターズ（Masters, 2010）は，相手に対して怒りや拒絶を感じているにもかかわらず，「相手をゆるし，受容しなければ」という考えにとらわれ，対立を避けポジティブ表現に固執してしまうことを，「ブラインド・コンパッション」と呼びました。実際，「服従的コンパッション尺度」を用いた調査（Catarino et al., 2014）では，「十分に思いやりを示さなければ，拒絶されるのではないかと心配している」と

いった項目は，怒りや抑うつなどと正の相関を示すことがわかっています。

教育相談におけるコンパッション教育

　これまで，コンパッションは，**ホリスティック教育**の中で実践されてきましたが，近年では，マインドフルネスとならぶ科学的研究の対象となり，「**発達観想科学**（Developmental Contemplative Science：DCS）」と呼ばれる潮流を生み出すに至っています。仏教的伝統において継承されてきた古の叡智が，「**エビデンスに基づく実践**（Evidence-Based Practice：EBP）」と邂逅し，その現代的な意義が再評価されているのです。コンパッション教育が，**開発的教育相談**の有益な実践として発展することが望まれます。

引用文献

Catarino, F., Gilbert, P., McEwan, K., & Baião, R.（2014）. Compassion motivations: Distinguishing submissive compassion from genuine compassion and its association with shame, submissive behavior, depression, anxiety and stress. *Journal of Social and Clinical Psychology*, **33**(5), 399-412. doi: 10.1521/jscp.2014.33.5.399

Masters, R. A.（2010）. *Spiritual Bypassing: When Spirituality Disconnects Us from What Really Matters*. North Atlantic Books.

仲嶺実甫子・甲田宗良・伊藤義徳・佐藤寛（2014）. コンパッションに基づく学級集団 SST の効果の検討──コンパッションが学級満足度，社会的スキルに及ぼす影響　日本教育心理学会第56回総会発表論文集，626.

Pace, T. W., Negi, L. T., Dodson-Lavelle, B., Ozawa-de Silva, B., Reddy, S. D., Cole, S. P., Danese, A., Craighead, L. W., & Raison, C. L.（2013）. Engagement with cognitively based compassion training is associated with reduced salivary C-reactive protein from before to after training in foster care program adolescents. *Psychoneuroendocrinology*, **38**(2), 294-299. doi: 10.1016/j.psyneuen.2012.05.019

Singer, T., & Klimecki, O. M.（2014）. Empathy and compassion. *Current Biology*, **24**(18), R875-R878. doi: 10.1016/j.cub.2014.06.054

Weng, H. Y., Fox, A. S., Shackman, A. J., Stodola, D. E., Caldwell, J. Z., Olson, M. C., Rogers, G. M., & Davidson, R. J.（2013）. Compassion training alters altruism and neural responses to suffering. *Psychological Science*, **24**(7), 1171-1180. doi: 10.1177/0956797612469537

第7章 キャリア教育
――自分らしい生き方を 作り上げるために

現代社会は，変化が速く，長期的な将来を見通しにくいものとなっています。卒業の一時点で進路を「決める」だけで安泰な職業生活を送れる時代は，既に過ぎ去っています。職業人，家庭人，地域社会の一員等，様々な役割をもって「働くこと」を通じ，自分らしい生き方を主体的に見出し作り上げていく力を身につけるためにキャリア教育がありますが，その基礎にはどのような理論があり，どのような実践がなされているのでしょうか？　本章では，キャリア教育の基礎となる心理学理論を押さえた上で，学校での実践を解説しながら，キャリアを巡る現状と今後のキャリア教育の方向性について解説します。

1 キャリア教育の基礎理論

1-1 教育相談の源流としての職業指導，そしてキャリア教育へ

　カウンセリングという言葉を最初に用いたのは，20世紀初頭のアメリカで職業指導を推進した**パーソンズ**（Parsons, F.）だといわれています。一方，日本における教育相談の始まりは，大正時代に設置された教育相談機関にあります。そして，その設置目的は，第一次世界大戦後の社会構造の変化により職業選択の機会が増え，それに対応する必要が生じたためと考えられています（西岡・桶谷，2013）。このように職業指導・進路指導と教育相談は概念上，きわめて近いものとして始まりましたが，これらはいずれも，児童生徒が自分の持ち味を発揮しながら，社会の一員として自分自身で適応できるよう指導・援助する，という広い意味での生徒指導に含まれるといえます。

従来，職業指導・進路指導と呼ばれてきた指導は，現在，一人ひとりの社会的・職業的自立に向け，必要な基盤となる能力や態度を育てることを通してキャリア発達を促す「**キャリア教育**」として組織的・体系的に推進されています（藤田，2014；中央教育審議会，2011）。人が一生涯をかけ，職業人，家庭人，地域社会の一員等，様々な役割を果たしていくこと，つまり「働くこと」を通して自分らしい生き方を見出していくことへの発達支援がキャリア教育なのです。

1-2　特性・因子理論

　職業選択のメカニズムが科学的に研究されるようになったのは，20世紀初頭のアメリカにおいてです。パーソンズは賢明な職業選択のポイントとして，
（1）自分自身（適性，能力，興味，目標，強み，弱み，そして，それらの原因）について明確に理解すること
（2）職業にかかわる各種の情報（その職業に必要な能力と成功の条件，有利・不利な点，報酬，就職の機会，将来性）を得ること
（3）これら二つの関係について「正しい推論」をする（自分自身と職業についての情報を合理的に関連づけて判断する）こと
という三つのステップを挙げ，このステップにより適切な職業選択がなされることを提唱しました（Parsons, 1909）。

　このように，「人にはそれぞれ異なる能力・特性があり，職業にも様々な種類や求められる能力があるため，それらをうまくマッチングすることで，職業選択は達成される」と考える理論的立場を**特性・因子理論**といいます。

　この理論は職業の「選択」場面という一時点に焦点が当てられています。そのため，パーソンズの研究に対しては後年，適材適所の考え方に固執している，人間の発達過程が考慮されていない，といった批判がなされました。しかし，それによって，個人と職業に関する正しい情報を集めることの重要性が否定されたわけではありません。現代にもその研究成果は引き継がれ，個人の能力・興味・適性などを客観的に測定する職業適性検査の開発や，カウンセリング理論とスキルの発展に役立てられています（労働政策研究・研修機構，2016）。

第7章　キャリア教育

1-3　スーパーのキャリア発達理論

　特性・因子理論が一時点でのマッチングに焦点を当てたのに対し，キャリアを生涯にわたって発達する一連の過程としてとらえる**キャリア発達理論**を提唱したのが，「キャリア教育の父」とも言われる**スーパー**（Super, D. E.）です。

　職業指導はカウンセリングのもっとも主要な起源と言われるように，二つの領域は深い関連を持ちながら互いに影響を与え合って発展してきました。スーパーもカウンセリングの実践に根本的関心を持ちながら，キャリアにかかわる数多くの重要な理論を提唱して，カウンセリング心理学とその実践，そしてキャリア教育にきわめて大きな影響を及ぼしました（Gelso & Fretz, 2001；渡辺，2007）。

　スーパーの理論の中でもとくに重視されているのが，**キャリア発達**の考え方です。スーパーによれば，キャリア発達とは**自己概念**を形成し，それを職業的なものに置き換えて，社会で実現させていく過程です。この過程では，自分がどんな人間で，何に価値や興味を感じるか，何ができるか（主観的自己）をつかみ，他者の意見や評価を聞いた上で，自分はどんな人間として見られているか（客観的自己）をつかむ必要があります。その上で，自分がおかれた環境（現実）を吟味し，ときに妥協も迫られながら，より広まり深まった自己概念に合った仕事を見つけ，**職業適合性**を高めていくことが必要になります（Super et al., 1996；渡辺，2007）。

　キャリア発達は，成長（0〜14歳），探索（15〜24歳），確立（25〜44歳），維持（45〜64歳），解放（65歳〜）という段階をたどります。この段階には，仕事に関する空想から始まり，興味や能力に合った仕事への絞り込み，雇用機会や現実をふまえた試行から確立・維持へ，最後は解放へという，職業とそれを選び働く者との関係が描き出されています（日本キャリア教育学会，2008）。

　しかし，職業は重要とはいえ，職業以外の役割も職業生活との間で相互に影響を及ぼしますし，その影響力や重要性も年齢とともに変わっていきます。スーパーは，そうした人生を送る上での役割（子ども，余暇人，労働者など）が，年齢とともにその重要性を変えていく様子を，**ライフ・キャリア・レインボー**

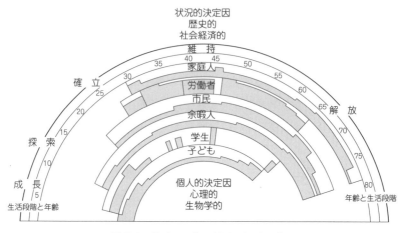

図7-1 ライフ・キャリア・レインボー
(出所) Super et al. (1996)

と呼んで図式化しました（図7-1）。スーパーは，キャリアを「生涯において個人が果たす一連の役割とその組み合わせ」と定義しましたが（Super, 1980），この図のように，個人の人生において持つ様々な役割が互いに影響を及ぼし合って，自分らしい生き方（キャリア）が形づくられていくのです。

2 キャリア教育の実践例

ここでは，キャリア発達を促す働きかけについて，学校段階ごとに下村（2009）に基づき述べます。その上で，小学校でのキャリア教育の実践例として，仙台市立寺岡小学校（2015）の「自分づくり教育」を紹介します。

2-1 学校段階ごとのキャリア発達を促す働きかけ

小学校では，職業や進路を考える基礎として，様々な刺激を与えることが重要です。たとえば児童会や当番などの校内活動，地域探検，家族の仕事調べなどを通じ，自分の興味・関心を理解し表現すること，また，社会生活での自分や周りの人たちの役割分担を経験的に理解することなどが，これにあたります。

第7章　キャリア教育

コラム7-1：有意義な職場体験学習を行うために——子どもの職業希望の特徴

　中学校の職場体験学習は，体験先の開拓，事前学習にかける時間など，準備に多くのコストがかかる行事です。ここでは，職場体験学習を有意義な行事にする上で把握しておくとよい，子どもの職業希望の特徴について解説します。

　生徒が希望する職場体験先をどう扱うかは，教師を悩ませることがらの一つです。一般に，中学生は狭い視野から希望する体験先を選ぶ傾向があることが指摘されています。とくに，中学生は職業と性差を直結させる傾向が強く，スポーツ用品店や工務店を希望するのは男子が多く，花屋を希望するのは大多数が女子といった具合に，体験先の希望が性によって偏ります（藤田，2014）。

　これは，子どもの職業希望に発達上の制約があり，幼いころの性別による職業希望の選択肢の排除が根強く残っているためです。ゴットフレッドソン（Gottfredson, L. S.）は，子どもは自分に「合う」職業に着目するのではなく，「合わない」職業を排除して職業希望の選択肢を絞り込むことを明らかにしています（Gottfredson, 2002）。絞り込む基準には発達プロセスがあり，6〜8歳では性別，9〜13歳では職業威信を基準として，自分と「合わない」選択肢を排除する方向で絞り込みが進みます。パーソナリティや興味，能力，価値といった自分の個性に「合う」ことを基準とするのは，ようやく14歳以降になってからです。

　こうした発達上の制約から抜け出したばかりの中学生においては，希望する体験先をあえて選ばせず教師が割り振ることで，職業に関する新たな視点を持たせるといったやり方は一つの方法となりえます。ただし，生徒に対する十分な事前指導と，受け入れ事業所に対する丁寧な説明が必要です（藤田，2014）。

　中学校になると，他者の視点で物事を考えたり，過去や現在の自分をつなげて，より抽象的なレベルで職業や将来を予想し考えられるようになります。そこで重要なのが，**職場体験学習**です。事業所や施設で数日間，実社会での様々な仕事の現実に触れることを通じ，具体的な大人とのかかわりから抽象的な「職業」や「将来」について，自分なりの理解を作り上げることが重要となります。

　高校は，設置形態・目的や学力などの点で学校間の違いが大きいですが，キャリア教育実践の順序には共通点があります。それは，1）職業適性検査や職業興味検査で適性・興味に関する自己理解を深め，2）その自己理解をもとに

職業情報を調べ，職業理解を促します。そして，3）職業人・卒業生インタビュー（あるいは企業・大学訪問）などを行い，職業生活や大学生活に対する具体的イメージを形成させる，という順序です。

2-2　仙台市立寺岡小学校の「自分づくり教育」（仙台市立寺岡小学校，2015）

　仙台市立寺岡小学校（以下，寺岡小）は仙台市北部に所在し，保護者の生活水準や学歴が高く，教育熱心な家庭の多い地域にある小学校です。児童の学力は高く，各教科にわたり基本的な知識・技能は定着していますが，学習に対する意欲や積極性は十分とはいえず，自己肯定感の低い児童も多く見られました。

　こうした児童の特徴をふまえ，寺岡小は仙台版キャリア教育の「**自分づくり教育**」を通じ，図7-2に示すような三つの力（かかわる力，みつめる力，うごく力）の育成に焦点化したキャリア教育の実践を目標としました。

　実践の1年目は，子ども，地域，教師集団の実態を把握し，教師間で目標を共有・確認しました。2年目は，1年目の総括で見えた方向性から，発達段階（低・中・高学年）別に目指す子どもの姿を設定しました。そして，普段の教育活動を，上記の三つの力を育成する観点から見直し，活動相互の関連性や系統性を確保した年間指導計画を作成しました。各単元の学習活動では，三つの力のいずれを育むかが具体的に関連づけられています。5年生の社会科の単元「工業生産と貿易」を例に挙げると，資料などから読み取ったことを進んで共有する（うごく力），自分の考えを出し合い，学習内容を深めることができる（かかわる力）といった形で，学習活動における目標や内容に，三つの力のいずれを育むのかを密接に関連づけて授業が実施されています。これにより，教師が年間の見通しを持って，日々の授業の中で「自分づくり教育」を実施できるようになりました。そして3年目は，2年目の実績と児童の実態把握に基づき年間指導計画を修正し（高学年のゴール見直し），実施しました。なお，実施にあたっては，様々な教科，領域の中で地域や大学，企業，NPO法人など校外の多様な協力者を募り，地域総ぐるみの教育を一貫して実践しています。

　実践の効果を評価するため，寺岡小では三つの力を測定する質問紙調査を独

第7章 キャリア教育

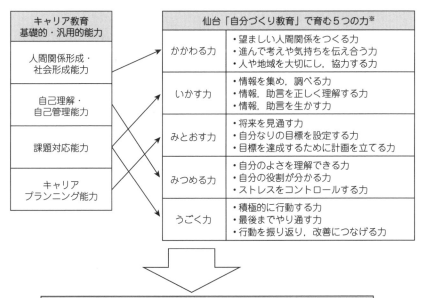

図7-2 寺岡小の「自分づくり教育」が育む三つの力
(出所) 仙台市立寺岡小学校(2015)を元に，筆者が作成
(注) ※国の「基礎的・汎用的能力」の提案を受け，将来の社会的・職業的自立に必要な態度や能力について，仙台市が独自に整理したもの

自に作成，実施しました。分析の結果，4年生から6年生において，2年目の冬から3年目の夏にかけて，三つの力の得点がいずれも有意に上昇しました。また，児童の学習意欲の向上，自己肯定感の向上が見られました。さらに，2年目以降，保健室への来室児童数が半減し，「何となく」という理由で来室し

ていた児童も落ち着きが見られるようになり，来室回数が減少しました。

　寺岡小の取り組みは，日々の教育活動にキャリア教育の機会があることを，その実践によって明らかにした先進的な事例であるといえるでしょう。

◆アクティブ・ラーニング
　あなたが小学校で受けた授業を思い出してください。図7-2に示した寺岡小の「三つの力」に相当する力は，具体的にどういう授業の，どのような場面で育まれていたでしょうか？　仙台「自分づくり教育」で育む五つの力も参考にして，思い出せるだけ挙げてみましょう。

3　キャリアに関する青少年の現状とキャリア教育の今後

3-1　現在の学習と将来が結びつかない中学生・高校生

　世界規模の学力調査から，日本の中学生・高校生は，学校での学習と自分の将来とのつながりを見出しにくいことが示されています。

　2007年の TIMSS（Trends in International Mathematics and Science Study：国際数学・理科教育動向調査）における中学生の結果を見ると，成績良好にもかかわらず，学校での学習の楽しさや有用性，および，将来の仕事とのつながりを肯定する割合は低く，参加国／地域の中でも最底辺に位置することが明らかとなりました。さらに，高校生に実施した PISA（Programme for International Student Assessment：OECD が実施する学習到達度調査）の数学的リテラシー（2003年），科学的リテラシー（2006年）においても，同様の結果が示されています（国立教育政策研究所生徒指導研究センター，2010）。

　近年の両調査では上記の得点も向上し，国際平均との差は縮まっています。とはいえ，学校の学習と将来の仕事との関係に気づかせ，学習意欲の向上につなげるキャリア教育の必要性は変わりません。2012年に実施された「キャリア教育・進路指導に関する総合的実態調査」では，充実した計画に基づきキャリア教育をしている学校ほど，学習意欲も向上する傾向が示されています（文部科学省 国立教育政策研究所生徒指導・進路指導研究センター，2016）。

3-2　不安定さ・不透明さを増す若者の職業生活

　いわゆる「まっすぐ」なキャリアを歩む若者は，今，どれくらいいるのでしょうか。児美川（2013）は，100人の高校入学者がいると仮定して，いずれかの教育機関を卒業して新卒就職をし，少なくとも3年間同じ職場で就業継続する者がどれくらいになるかを，文部科学省の学校基本調査（2012年）と厚生労働省の新規学校卒業者の就職離職状況調査（2012年）をもとに推計しました（図7-3）。その結果，上の条件を満たす「ストレーター」は41人と，全体の半数未満でした。大学院等に進学した6名を入れても47名と，過半数に達しません。

　かつての「普通」で「まっすぐ」なキャリア発達の道をたどる若者は，もはや大多数ではありません。一度進路を「決めて」も，壁にぶつかったりやり直しを余儀なくされたりする若者が多くいるのが現実であり，自分で自分の進路を「作り上げる」ことを求められるのが，今の社会なのです。

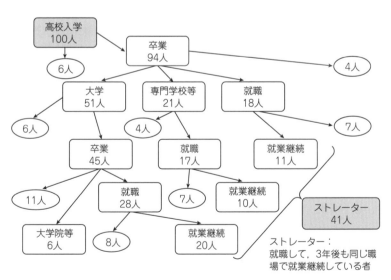

図7-3　若者たちの100人村

（出所）　児美川（2013）のp.25の図を一部改変

3-3 「決める」から「作り上げる」へ──スーパー以降のキャリア発達理論

　現在は，経済のグローバル化や ICT 技術の進展などにより，社会の動きが激しく，複雑化し，長期的な将来を見通しにくくなっています。このように不安定，不透明な厳しい時代において，どのようにキャリアを形づくればよいのでしょうか。ここでは**偶発理論**と**構築理論**の二つを紹介します。

　偶発理論は，クランボルツ（Krumboltz, J. D.）のプランド・ハップンスタンス理論（planned happenstance；計画された偶然性）が有名です。この理論は，偶然の出来事や出会いをキャリアに活かすことを提唱しています。そして，新たな発見が得られるような偶然の出来事に出会う機会を増やすために獲得すべきスキルとして，好奇心・粘り強さ・柔軟さ・楽観性・リスクテイキングを挙げています（安達・下村，2013；Mitchell et al., 1999）。

　構築理論は**サヴィカス**（Savickas, M. L.）が唱えた理論です。この理論では，キャリアは「作っては壊し，壊しては作る」もの，「構築する」ものという前提に立ちます。つまり，決まりきった一本道をいかに選ぶかではなく，自分が進む道をいかに切り開くかが重要になります。そのため，構築理論では，道を切り開こうと思えるような人生のテーマを見つけ，それを仕事の世界で活かす道を考えることを重視します（安達・下村，2013；Savickas, 2002）。

　このように，卒業・就職といった一時点に進路を「決める」だけの指導では不十分であり，キャリアを自ら「作り上げていく」ための力を身につけさせるキャリア教育を行う必要がある，という考え方が，現在のキャリア発達理論では共通した認識になっています（下村，2009）。

●**練習問題**　次の各文に含まれる誤りを適切に修正しなさい（解説は章末）。

　①キャリア教育においてはスーパーのキャリア発達理論が重要であり，選択という一時点に焦点をあてた特性・因子理論は実践面での重要性を失っている。

　②小学校のキャリア教育では，将来就きたい職業を具体化するため，様々な職業人とかかわる特別な機会を設けることが必要不可欠である。

　③社会の動きが激しく，複雑化し，長期的な将来を見通しにくい現在では，偶然の出来事や出会いがやってくるのを待つのが望ましいあり方である。

もっと詳しく知りたい人のための文献紹介

仙台市立寺岡小学校（2015）．キャリア教育の底力――小学校におけるキャリア
　教育の優良事例　光文書院

　　⇨年間指導計画や指導案，実践のポイントなどが豊富に掲載されており，教師，
　　保護者，地域住民が総ぐるみでかかわったキャリア教育の実践が学べます。

下村英雄（2009）．キャリア教育の心理学――大人は，子どもと若者に何を伝え
　たいのか　東海教育研究所

　　⇨最新のキャリア発達理論をふまえ，若者のキャリアを巡る環境変化や社会環
　　境の変化も関連づけて，心理学者の視点からキャリア教育を解説しています。

引用文献

安達智子・下村英雄（編著）（2013）．キャリア・コンストラクションワークブッ
　ク――不確かな時代を生き抜くためのキャリア心理学　金子書房

中央教育審議会（2011）．今後の学校におけるキャリア教育・職業教育の在り方
　について（2011年1月31日中央教育審議会答申）　http://www.mext.go.jp/
　component/b_menu/shingi/toushin/__icsFiles/afieldfile/2011/02/01/
　1301878_1_1.pdf（2017年4月11日閲覧）

藤田晃之（2014）．キャリア教育基礎論――正しい理解と実践のために　実業之
　日本社

Gelso, C. L., & Fretz, B. R.（2001）．*Counseling Psychology*, 2nd ed.　Thomson
　Wasworth.（ジェルソー，C. L. & フリッツ，B. R.　清水里美（訳）（2007）．カ
　ウンセリング心理学　ブレーン出版）

Gottfredson, L. S.（2002）．Gottfredson's theory of circumscription, compromise,
　and self-creation.　In D. Brown and associates（Eds.），*Career Choice and
　Development,* 4th ed. Jossey-Bass. pp. 149-205.

国立教育政策研究所生徒指導研究センター（編）（2010）．キャリア教育のススメ
　――小学校・中学校・高等学校における系統的なキャリア教育の推進のため
　に　東京書籍

児美川孝一郎（2013）．キャリア教育のウソ　筑摩書房

Mitchell, K. E., Levin, A. S., & Krumboltz, J. D.（1999）．Planned happenstance:
　Constructing unexpected career opportunities. *Journal of Counseling and
　Development,* **77**, 115-124.

文部科学省　国立教育政策研究所生徒指導・進路指導研究センター（編）（2016）．

変わる！キャリア教育――小・中・高等学校までの一貫した推進のために　ミネルヴァ書房

日本キャリア教育学会（編）（2008）．キャリア教育概説　東洋館出版社

西岡正子・桶谷守（編）（2013）．生涯学習時代の生徒指導・キャリア教育　教育出版

Parsons, F. (1909). *Choosing A Vocation.* Houghton Mifflin.

労働政策研究・研修機構（編）（2016）．新時代のキャリア・コンサルティング――キャリア理論・カウンセリング理論の現在と未来　労働政策研究・研修機構

Savickas, M. L. (2002). Career construction: A developmental theory of vocational behavior. In D. Brown and associates (Eds.), *Career Choice and Development*, 4th ed. Jossey-Bass. pp. 149-205.

仙台市立寺岡小学校（2015）．キャリア教育の底力――小学校におけるキャリア教育の優良事例　光文書院

下村英雄（2009）．キャリア教育の心理学――大人は，子どもと若者に何を伝えたいのか　東海教育研究所

Super, D. E. (1980). A life-span, life-space approach to career development. *Journal of Vocational Behavior*, **16**, 282-298.

Super, D. E., Savickas, M. L., & Super, C. M. (1996). The life-span, life-space approach to careers. In D. Brown, L. Brooks & associates (Eds.), *Career Choice and Development*, 3rd ed. Jossey-Bass. pp. 121-178.

渡辺三枝子（編）（2007）．新版キャリアの心理学――キャリア支援への発達的アプローチ　ナカニシヤ出版

●練習問題の解説

　①個人と職業について正しい情報を集めることの重要性は失われておらず，特性・因子理論の研究成果は，職業適性検査の開発などに今も活かされています。

　②様々な刺激を与えることは必要ですが，キャリア教育で育成すべき力を日々の教育活動へ具体的に関連づけて実践する方が，より重要です。

　③偶発理論は，偶然の機会をただ待つのではなく，機会を増やすためのスキル獲得を提唱しています。積極的姿勢を重視する点は構築理論と共通しています。

第8章　不登校・中途退学
——子どもたちの登校を支える工夫

　　不登校の状態に陥っている子どもは，多くの学校に存在しています。高校生の場合，結果として中途退学に至る場合もあります。現在の学校では，このような課題を抱える子どもに出会わないことはないとも言えるような状況があり，教師はその問題解決に奔走しています。しかし，そこに至る背景課題は個々の子どもによって様々で，支援も一筋縄ではいかないことも多くあります。そこで，本章では，不登校という形で表現される「子どもの困難さ」を適切に理解し，復帰に導くための支援法を学びます。

1　子どもたちの不登校・中途退学をめぐる状況

1-1　小中学生の不登校の現状

　不登校とは，「何らかの心理的，情緒的，身体的，あるいは社会的要因・背景により，児童生徒が登校しないあるいはしたくともできない状況にあること（ただし，病気や経済的理由によるものを除く。）」（文部科学省，2017）と定義されています。そして，この定義に基づく不登校という理由によって，年度間に連続または断続して30日以上欠席した全国の小中学生は，ここ数年間は約12万人前後で推移している状況です（図8-1）。とくに，小学生に比べて，中学生の方が不登校に至っている者が多いという状況は，以前より変化がありません。

　ただし，不登校の子どもの中には**教育支援センター**（**適応指導教室**）や民間施設などの学校外の機関に通い，指導を受ける子どももいます。さらには，自宅でIT等を活用し，学習活動を行う子どももいます。このような子どもたち

107

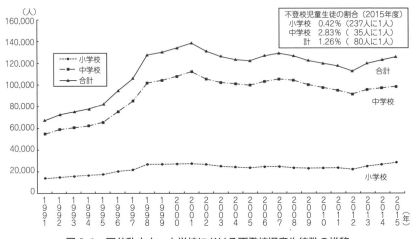

図 8-1　国公私立小・中学校における不登校児童生徒数の推移
（出所）　文部科学省（2017）

については，自宅であっても訪問による対面指導が適切に行われていることなどの一定の要件を満たす場合，出席扱いとすることができます。したがって，不登校に近い状況にある子どものすべてが，この調査結果に反映されているわけではない可能性があることに留意せねばなりません。

1-2　高校生の不登校と中途退学の現状

　では，高校生の不登校は，どのような状況でしょうか。文部科学省（2017）によれば，小中学生と同じ定義にもとづく不登校という理由によって，年度間に連続または断続して30日以上欠席した全国の高校生は，ほぼ5万人強で推移しています（図8-2）。そして，2014年度間では，53,156名の不登校生徒のうち，28.3％にあたる15,065名が**中途退学**に至っています。様々な事由による中途退学者数の合計は53,391名であり，高校生の不登校と中途退学は切り離せない課題になっていることが推測できるでしょう。

　不登校生徒が中途退学することによって生じる問題は，学校に在籍している間には受けられていた様々な支援の手から離れてしまうことです。内閣府

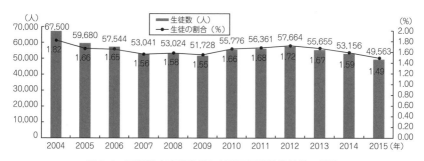

図8-2 国公私立高等学校における不登校生徒数の推移
(出所) 文部科学省 (2017)

(2011) が高校中退後約2年以内の者に対して行った調査結果によれば,現在「特に何もしていない」と回答した者は4.0％に上ることが明らかになっています。学校にも通わず,就労もしていない状況になると,対人関係が限定されて社会とのつながりが乏しくなる可能性がありますので,高校在籍中にあらゆる支援策を検討し,実施する必要性は高いと言えます。

1-3 不登校に至る子どもたちの抱える課題と支援の必要性

このように,多くの子どもたちが不登校に至っていると言えます。そして,その背景課題は多様であり,適切な子ども理解に基づいた支援が必要になっています。

たとえば,学校生活において,いじめなどの具体的な対人トラブルがあって不登校に至っている場合があります。ほかにも,いじめを受けているわけではないけれども友人になじめなかったり,教師の方針についていけなかったり,部活動でのトラブルがあったり,進路への不安や学業不振がきっかけになったりする場合もあります。転校後に,新たな環境に溶け込めないということもあります。このように,学校生活に関連している課題がある場合には,可能な限りそのトラブルの原因となるようなものを取り除き,学校生活を過ごしやすくするようフォローすることが必要になります。

しかし,実際には,そのような学校生活上のフォローだけではなく,不登校

に至る子ども自身が抱える何らかの心理的課題に向き合い，その解決を支援する必要に迫られる場合が多いと言えます。その課題は，**自尊感情が低い**，対人緊張が強いなど，個々の子どもによって様々ですが，多くの場合，育ちの過程の中で課題を抱え，誰しもが心理的葛藤を抱えやすい思春期ごろにその課題を乗り越えられない状況にあると言えます。そして，その苦しさを不登校という形で表現しているのだととらえることができます。引っ込み思案の小学生が，友だち関係が重要になる中学生になって学校に行くのが辛くなるなどの状況は，その典型例だと言えるでしょう。

　ただし，不登校の背景課題は，そのような心理的成長の過程で誰にでも起こり得るようなものばかりではありません。何らかの**精神障害**を抱えている場合には，急速に登校意欲を失うなどして不登校に至ることがあります。また，**ネグレクト**などの**児童虐待**を受けている子どもの場合，食事ができずに登校できない，生活時間が乱れて登校できない等の状況に至る場合もあります。さらには，近年では，**発達障害**を抱えている子どもが不登校に至る例も多くあります。発達障害を抱えている子どもは，その認知特性のために対人関係上のトラブルを生じやすく，**二次障害**として不登校が出現しやすいと言えます。このような重篤な課題を背景に不登校に至っている場合，不登校としての対応を行うだけでは問題解決に至らないことがあります。専門機関と連携しながら，適切な支援を受けられるように働きかけることも，教師の重要な役割です。

2 校内での連携によって支援を行った実践例

　ここでは，ある中学1年生・男子（Aくん）に対して，担任および養護教諭，スクールカウンセラーが連携して教室復帰を支援した実践（架空事例）を通して，不登校支援の方法について理解を深めましょう。

2-1　不登校状態が長期化している状況での支援経過
　Aくんは，中学入学後，しばらくして学校を休みがちとなり，連休明けから

第8章 不登校・中途退学

現在までの2週間は一度も登校していません。そこで、上記三者が会議を行って、保護者にスクールカウンセラーとの面談を促してみることとなりました。

スクールカウンセラーとの面談において、保護者は現状を大変心配し、子育てが間違っていたのだろうかと述べていました。スクールカウンセラーは、そうした保護者の心情を受容しつつ、保護者を通じてA君に相談室へ来てもらいたいというメッセージを伝えました。

Aくんは、人目を気にしながら相談室へ現れましたが、あらかじめ校内で調整をしておいたため、誰にも会うことはなく来ることができて安心したようでした。しかし、母親とともにいるAくんの口数は非常に少なく、どんな質問にも母親が答えてしまうことが印象的でした。そこで、双方に許可を得て、Aくんとのみ話をする時間を設けても、Aくんの口数が多くなることはなく、またスクールカウンセラーが「一緒に何かして遊ぼうか」と声をかけても、何もせずに終了の時間となりました。

このような状況から、スクールカウンセラーは、まずは安心して相談室への来室が継続できること、その後は遊びを決めることなどの「自己主張」の機会に慣れていくことが目標であると考えました。そして、そのような見通しを担任と養護教諭に伝え、担任による家庭訪問を継続して実施してほしいと依頼しました。

◆アクティブ・ラーニング

　スクールカウンセラーが、自分自身ではなく担任が家庭訪問をするよう依頼した理由には、どんなものが考えられるでしょうか？　また、教師が家庭訪問を行う際の留意点としては、どんなものが考えられるでしょうか？　できるだけたくさん理由や留意点を挙げてみましょう。

以上のように、不登校が長期化している段階では、子ども自身が抱えている課題をとらえ、それに応じた支援策を特定し、支援を実施していくことが求められます。Aくんの場合には、これまでの経験の中で、自分に自信をもって考えを述べるような機会が十分ではなかったのではないかと推測されます。そのために、自己を確立させていく思春期にあたる中学生になり、自分らしさを見

111

つめる課題につまずきやすかったのだと考えられるでしょう。したがって，ス
クールカウンセラーは，安心した環境において自己主張する機会を設け，繰り
返し練習することによってその課題を克服することが重要だと考えたわけです。
このようにして，元気に遊べるようなエネルギーを回復させること（田嶌，
2005）が，この時期の支援の到達目標と言えます。

2-2　教室復帰の兆しが芽生えた状況での支援経過

　スクールカウンセラーは，まずは自らが遊びを選んでみせることから始め，
次は「これとこれだと，どっちがいい？」という形で選ばせることを導入し，
さらには多くの選択肢の中から自分でやりたい遊びを選ばせ，最終的には自分
の好きな遊びをスクールカウンセラーに紹介させるというように，段階を踏ん
で自己主張の機会を設けました。これらは功を奏し，徐々に相談室でのAくん
の会話は増え，保護者からも「来室を楽しみにしているようだ」という報告が
なされるようになりました。

　そんな折，学校は文化祭の準備で慌ただしくなっていました。Aくんは，相
談室にしか足を運んでいませんが，次第に華やかになる校内の雰囲気を感じ取
り，スクールカウンセラーに対して，「文化祭ってどんな感じなの？」「僕のク
ラスは何をするの？」と聞いてきました。そこで，スクールカウンセラーは
「学級に関心が向き始めた」と判断し，その考えを保護者や担任，養護教諭に
伝えました。そして，教室復帰に向けて支援体制を再構築することになりまし
た。

　具体的には，Aくんの希望を聞きつつ，担任が時間設定を行い，相談室で小
学校時代から仲のよかった友だちと会うという機会を設定することになりまし
た。当初，Aくんは大変緊張していましたが，徐々に友だちが来ることを楽し
みにするようになり，会う時間も増え，それに伴って登校時間も延長できるよ
うになりました。そこで，相談室が開室していない曜日でも登校するかどうか
についてAくんを交えて話し合い，まずは保健室への**登校**を開始して養護教諭
とともに過ごすこととなりました。

第8章　不登校・中途退学

コラム 8-1：別室登校における支援

　別室登校を支援する際にもっとも重要であるのは，その開始決定の段階での支援です。

　別室登校の開始時に確認しておくべきポイントは，登下校時刻は何時に設定するか，登下校は自力か否か，給食が必要かどうか，給食が必要ならばその受け取りや食事場所はどうするか，欠席時の連絡は誰がどのようにしてくるか，養護教諭など普段対応する教師が不在時の登校はどうするか，担任などの他の教師はどのようにかかわるべきか，他の児童生徒とのかかわりはどうしたいか，別室での活動内容をどうしたいかなど，多くの領域に及ぶことが想定されます。

　これらの意思決定に本人や保護者が十分にかかわっておくことは，別室登校を行う状況を具体的にイメージさせ，学校で生活することへの意識を高めることにつながります。そうした意識が，スムーズな教室復帰にもつながっていくと言えるでしょう。ただし，過度の緊張感につながらないよう，不安な気持ちを表現させ，受容し，「あなたを見守っている」というメッセージを伝えていく必要もあります。

　また，ここでの実践例では学習支援を行っていますが，実際に別室登校で学習支援を導入することは難しいという声も聞きます。この点に関しても，開始決定の段階での働きかけが重要なポイントになります。つまり，別室登校が始まる前に，「別室登校では学習の時間があること」「その内容や時間については話し合いながら考えていくこと」を伝えておけば，その後の導入がスムーズになります。

　こうした開始時の支援を適確に行うためには，別室登校を必要とする子どもが出現する前の年度当初において，校内で別室登校に関する意思統一を図っておく必要があります。どのような子どもを受け入れるのか，それぞれの教師の役割は何かといったことについて検討しておくとよいでしょう。これにより，各教師が，別室登校を行っている子どもも自分の学級・学年の一員であり，別室登校は教室復帰をめざした教育活動の一環なのだという意識をもちやすくなって，校内で教室復帰への道筋を共有しやすくなると考えられます。

　このように，教室復帰の兆しが見えてきた段階では，その背中を押すような具体的支援が求められます。Aくんの場合には，友だちと会うことによって対人関係を広げ，教室への垣根を低くすることがその一つです。また，別室登校もその一つです。これらは，校内で必要な支援を分担し，連携して取り組む必

要のある支援です。

　なお，教師をはじめとする支援者は，今回のスクールカウンセラーのように，教室復帰の兆しを見逃さずに時機に応じた支援を開始することが重要です。これまで忌避していた学校や教室の話題を自分から始める，ゲームばかりしていたのに家の手伝いをするようになった，などの状況がそれにあたります。心が安定し，エネルギーが回復している印としてとらえ，次のステップへと進むように後押しします。

2-3　教室復帰に挑戦しつつある状況での支援経過

　養護教諭は，保健室に，空き教室からAくんのための机と椅子を持って来て，ロッカーに使用できるスペースも設けました。また，担任が小さめの時間割表を準備し，保健室のAくんの机に貼り付けました。

　その上で，養護教諭は，①登下校時には職員室に立ち寄り，自分で報告を行うこと，②登下校時刻は自分で記録し，ファイリングすること，③チャイムとともに行動し，授業時間と休み時間の区別を付けること，④各授業時間に何をするかは，自分で考え，養護教諭に報告すること，を示し，A君と約束しました。

　このような支援は，教室での生活をスムーズに開始できるようにすることをめざしています。学校は時間管理が厳格です。とくに中学校では，自己管理の責任を強く求められます。そのため，保健室だからといってソファに座って気の向くままに生活していたのでは，教室での生活との間に大きなギャップを生み出します。教室の垣根を取り払うような具体的な生活の練習をすることが，大切な支援になっていきます。

　また，担任は，各教科担任と協力し，空き時間に保健室で学習支援を行う計画を立てました。Aくんは，中学入学直後からの授業を十分に受けていないため，小学校高学年くらいの学習から開始し，次第に中学校の学習へ結び付くように教材を工夫しました。

　このような支援は，学習支援を通じた不安の軽減，自信の回復をねらった支

援です。不登校に至っている子どもの多くは，たとえ教室に気持ちが向くように
なったとしても，学習についていけないのではないかという不安のために最
後の一歩が踏み出せません。本人の状況に合わせて可能な範囲で「ちょっと頑
張ればできる」学習課題に取り組ませることで，そうした不安を取り除いてい
くことが有効だと言えるでしょう。この支援は，多くの教師の協力がなければ
成し得ませんが，子どもにとっては様々な教師からの支援を実感し，学校への
安心感を育む重要な機会にもなります。学校が一丸となって取り組むような体
制づくりが求められます。

3 今後の不登校・中途退学に対する支援の方向性

3-1 学校外の活動をどのように生かすか

　先に述べたように，たとえ在籍校に通学していなくとも，一定の条件を満た
していれば，**教育支援センター**（適応指導教室）などの校外機関に通うことや，
自宅で IT 等を活用して学習活動を行うことも，出席扱いにすることが可能で
す。近年では，**フリースクール**や家庭での学習を義務教育の一形態として位置
付けるための法案の提出が検討されたこともありました。これらは，学校とい
う場に苦しさを感じる子どもたちにとって，学校に通学するということだけを
選択肢にせず，学びを保障する重要な機会になるととらえることもできます。
そして，技術の進歩や，学校をめぐる考え方の変化によって，こうした動きが
今後も変化してくる可能性は否定できません。

　ただし，学校に通うことのもっとも大きな魅力は，学校が，多種多様な個性
を持った人々が集う場であるということです。ときには自分にとって困難な課
題にも立ち向かい，乗り越えた経験によって学べることもあるでしょう。とく
に，**ソーシャルスキル**などは，対人関係で実践することを通して定着していく
ものだと言えます。このような心理的成長の機能を，学校以外の場がどのよう
に備えていくことができるかは大きな課題です。たとえば，前述の校外機関の
うち，教育支援センター（適応指導教室）は，学校よりもかなり小さな集団で対

人経験を重ねることができる場であると言えます。その機能は,「集団生活への適応」といった学校に近いものから,「基礎学力の補充」といった学校機能を補完するもの,「情緒の安定」といった教育支援センター（適応指導教室）らしいものまで様々です（川島・小林, 2013）。今後は, こうした校外機関の活動がどのように子どもたちに影響を与えるのか, それは学校とどのように異なるのかなどを明らかにしていく必要があるでしょう。それによって, 学校とそれ以外の機関が, どのように役割分担しながら連携すればよりよい不登校支援につながるのかという, 具体的な方策を示すことが重要です。

3-2 予防的支援にはどのような視点が必要か

　教師にとって, 学校に来なくなってしまった子どもを支援することは難しいものであると言えます。その一方で, 子どもを不登校にさせないように支援することは, 校内での実践を蓄積しやすいでしょう。

　こうした不登校の予防的支援には, 様々な心理教育の手法が有効だと言われています。居心地のよい学級づくりに寄与するような**構成的グループ・エンカウンター**（曽山・本間, 2004）や, 子ども自身の対人関係能力を高める**ソーシャルスキル教育**（江村・岡安, 2003）など, その不登校予防に対する効果検証はいくつか行われてきています（第5章参照）。

　しかし, 五十嵐（2011a, 2011b）によれば, 心理・社会的なスキルだけではなく, 自分で学習を進めるスキルや, 健康に留意して生活するスキルなど, 学習面や健康面のスキルの獲得が不登校傾向の低減に関与していると指摘されています。今後は, このような多様な領域の**学校生活スキル**の育成をめざす実践を行い, その効果検証を行うことが求められるでしょう。このことは, 教師による日常の学習指導や, 養護教諭による保健指導が不登校予防にもたらす影響を検証することにもつながり, 日々の教育活動の有効性を確かめる機会にもなると考えられます。

●**練習問題**　次の各文に含まれる誤りを適切に修正しなさい（解説は章末）。
　①不登校とは,「何らかの心理的, 情緒的, 身体的, あるいは経済的要因・背景

第8章　不登校・中途退学

により，児童生徒が登校しないあるいはしたくともできない状況にあること」と
定義されている。

　②文部科学省による不登校の実態調査においては，年度間に40日以上の欠席を
した児童生徒を対象としている。

　③児童生徒が「出席」したと認定されるのは，在籍学級の教室や保健室など，
学校に登校した場合に限られる。

もっと詳しく知りたい人のための文献紹介

小林正幸（監修）早川恵子・大熊雅士・副島賢和（編）（2009）．学校でしかでき
　　ない不登校支援と未然防止――個別支援シートを用いたサポートシステムの
　　構築　東洋館出版社
　　　⇨個別支援シートや小中連携シートを用いつつ，学校単位や教育委員会単位で
　　　行う不登校支援の方法について，実践例を交えながら解説されています。

小澤美代子（編著）（2006）．タイプ別・段階別　続　上手な登校刺激の与え方
　　ほんの森出版
　　　⇨チェックリストを用いて，不登校の子どもたちをタイプと段階によって分け，
　　　それぞれに応じた支援を行う必要性を説いています。事例をもとに，各タイ
　　　プ・段階にある子どもに対して教師が行うべき支援策が豊富に示されていま
　　　す。

引用文献

江村理奈・岡安孝弘（2003）．中学校における集団社会的スキル教育の実践的研
　　究　教育心理学研究, **51**, 339-350.

五十嵐哲也（2011a）．中学進学に伴う不登校傾向の変化と学校生活スキルとの関
　　連　教育心理学研究, **59**, 64-76.

五十嵐哲也（2011b）．小中学生の一学年間における不登校傾向と学校生活スキル
　　の変化の関連性　学校心理学研究, **11**, 29-44.

川島直人・小林正幸（2013）．不登校対応における，学校と関係機関が連携した
　　指導・支援の在り方について――適応指導教室の視点から　東京学芸大学教
　　職大学院年報, **2**, 43-50.

文部科学省（2017）．平成27年度「児童生徒の問題行動等生徒指導上の諸問題に
　　関する調査」の確定値の公表について　http://www.mext.go.jp/b_menu/
　　houdou/29/02/1382696.htm（2017年6月9日閲覧）

内閣府（2011）．若者の意識に関する調査（高等学校中途退学者の意識に関する調査）報告書（解説版） http://www8.cao.go.jp/youth/kenkyu/school/kaisetsu.html（2016年11月7日閲覧）

曽山和彦・本間恵美子（2004）．不登校傾向生徒に及ぼす構成的グループ・エンカウンターの効果——Self-esteem，社会的スキル，ストレス反応の視点から　秋田大学教育文化学部研究紀要教育科学部門，**59**，51-61.

田嶋誠一（2005）．不登校の心理臨床の基本的視点——密着型心理援助からネットワーク活用型心理援助へ　臨床心理学，**5**，3-14.

●練習問題の解説

①文部科学省による不登校の定義においては，病気や経済的理由によるものを除くことが明記されています。

②文部科学省は，毎年，年度間に連続または断続して30日以上欠席した児童生徒を対象として，不登校の実態調査を行っています。

③学校に登校していなくても，教育支援センター（適応指導教室）や民間施設などの学校外の機関に通っている子どもや，自宅でIT等を活用して学習活動を行っている子どもについて，一定の要件を満たす場合，出席扱いにすることが可能であると示されています。

第9章 いじめ
——適切な実態把握と
予防・対応に向けて

> 「いじめ」は，相手を傷つけ，追い詰め，ときに標的とされた子が自ら命を絶つという悲惨な結末を迎えることさえあるけっして許されない行為です。ところが一方で，いじめはきわめて日常的な事象でもあることから，それを許容するかのような言説が様々あることもまた事実です。「いじめは昔からある」，「いじめは誰もが一度は経験する」，「いじめを通して子どもは成長する」，「いじめられる側にも問題はある」。こうした言説をもって「だから仕方がない」と考える人も少なくありません。いじめの防止には，すべての学校関係者がそうした言説に惑わされることなく，自らの問題として切実に受け止め，徹底して取り組む姿勢が重要です。本章では，学校におけるいじめ問題について，その態様と効果的な予防・対応策について解説します。

1 「いじめ」の意味と学校における実態・様相

1-1 いじめの定義とその運用

　いじめ行為をどのように定義し，またその定義をどのように運用していくのかという問題は，いじめの実態把握はもとより，予防・対応においても大きな影響を与えうる問題です。日本におけるいじめ研究の第一人者である森田はいじめを以下のように定義しています。

　「いじめとは，同一集団内の相互作用過程において優位に立つ一方が，意識的にあるいは集合的に他方に対して精神的・身体的苦痛を与えることである」（森田・清永，1994）。

　本定義では，いじめの主要な構成要素として以下の点が挙げられています。

表 9-1 　文部科学省による「いじめ定義」の変遷

年度	定義
1986	「いじめ」とは，「①自分より弱い者に対して一方的に，②身体的・心理的な攻撃を継続的に加え，③相手が深刻な苦痛を感じているものであって，学校としてその事実（関係児童生徒，内容等）を確認しているもの。なお，起こった場所は学校の内外を問わないもの」とする。
1994	「いじめ」とは，「①自分より弱い者に対して一方的に，②身体的・心理的な攻撃を継続的に加え，③相手が深刻な苦痛を感じているもの。なお，起こった場所は学校の内外を問わない。」とする。 　なお，個々の行為がいじめに当たるか否かの判断を表面的・形式的に行うことなく，いじめられた児童生徒の立場に立って行うこと。
2006	個々の行為が「いじめ」に当たるか否かの判断は，表面的・形式的に行うことなく，いじめられた児童生徒の立場に立って行うものとする。 　「いじめ」とは，「当該児童生徒が，一定の人間関係のある者から，心理的，物理的な攻撃を受けたことにより，精神的な苦痛を感じているもの。」とする。なお，起こった場所は学校の内外を問わない。 （注1）「いじめられた児童生徒の立場に立って」とは，いじめられたとする児童生徒の気持ちを重視することである。 （注2）「一定の人間関係のある者」とは，学校の内外を問わず，例えば，同じ学校・学級や部活動の者，当該児童生徒が関わっている仲間や集団（グループ）など，当該児童生徒と何らかの人間関係のある者を指す。 （注3）「攻撃」とは「仲間はずれ」や「集団による無視」など直接かかわるものではないが，心理的な圧迫などで相手に苦痛を与えるものを含む。 （注4）「物理的な攻撃」とは，身体的な攻撃のほか，金品をたかられたり，隠されたりすることなどを意味する。 （注5）けんか等を除く。
2013	「いじめ」とは，「児童生徒に対して，当該児童生徒が在籍する学校に在籍している等当該児童生徒と一定の人的関係のある他の児童生徒が行う心理的又は物理的な影響を与える行為（インターネットを通じて行われるものも含む。）であって，当該行為の対象となった児童生徒が心身の苦痛を感じているもの。」とする。なお起こった場所は学校の内外を問わない。 　「いじめ」の中には，犯罪行為として取り扱われるべきと認められ，早期に警察に相談することが重要なものや，児童生徒の生命，身体又は財産に重大な被害が生じるような，直ちに警察に通報することが必要なものが含まれる。これらについては，教育的な配慮や被害者の意向への配慮のうえで，早期に警察に相談・通報の上，警察と連携した対応を取ることが必要である。

（出所）　文部科学省「いじめの定義の変遷」を基に作成

第一に，同一集団に属する成員間で起こる**関係内攻撃**であること。第二に，いじめる側といじめられる側との間に何らかの**力の資源**にもとづく**優劣差**があること。第三に，いじめる側には標的とした相手に苦痛を与えようとする意図や

動機が存在すること。そして第四に，間接的にあるいは暗黙的にいじめる側を支持する**傍観者**や**観衆**の存在があることです。

一方，文部科学省（旧文部省）による定義を見ると，これまでに三度の改定が行われています。最初の定義は，学校でのいじめが原因と考えられる児童生徒の相次ぐ自死事件によっていじめが社会問題化した1986年に示されました。以降，第二のピークと言われる1994年，第三のピークと言われる2006年にそれぞれ定義の改定が行われています。そして最新の定義は，2013年に制定・施行された「いじめ**防止対策推進法**」により規定されています。文部科学省による定義の変遷を表9-1にまとめました。

文部科学省の最初の定義は，いじめを，①いじめる側といじめられる側の力の優劣差，②行為の継続性，③いじめられる側の深刻な被害感情，そして④学校の認知という四つの構成要素で説明していました。この定義は先に紹介した森田の定義ともよく似ています。ところが，いじめはそもそも教師の目に見えにくい形で行われるものであることや，いじめられた側がその事実を教師に伝えることが困難であることなどの理由から，学校が認知したものだけを「いじめ」とする定義には批判の声があがりました。1994年の定義改定の際には，学校の認知に関する文言は削除され，代わりに「いじめに当たるか否かの判断を表面的・形式的に行うことなく，いじめられた児童生徒の立場に立って行うこと」と被害児童生徒に寄り添う姿勢が示されました。

2006年度には，大幅な改定が行われました。先述した，それまでの定義でいじめの構成要素として挙げられていた，力の優劣差，行為の継続性，そして被害の深刻性を示す文言はすべて削除され，代わりに「一定の人間関係のある者から」という関係内攻撃であることを表す文言が加えられました。2013年度のいじめ防止対策推進法にもとづく定義も，基本的には2006年度の定義の内容を踏襲したものとなっています。ただし，いじめの範疇を超えた犯罪行為として取り扱われるべき事案の存在と，そうした事案に対する警察等の外部機関との連携による対応の必要性に言及されている点は，注目すべきでしょう。

2006年度以降の定義では，それまでいじめと判断され難かったより広範な行

為がいじめに含まれることになり，学校や教師はより多くの事案への対応を迫られることになりました。このことから学校現場では，「心身に苦痛を感じたと言われたら，あらゆる行為がすべていじめになってしまう」，「定義が示す行為が広すぎて，教員間でいじめに対する共通認識をもちにくい」など定義の解釈や運用に関する問題点を指摘する声も少なくありませんでした。文部科学省はこうした声に対して，一般に「いじめ」とは認知されないような些細な行為であっても，ときに自殺等の重大な事態に至ってしまうことがあるという事実を認識し，学校が組織として，そうした「いじめの芽」を早期に把握し，必要に応じて対応していくことが重要であると説明しています（文部科学省，2016）。

1-2　学校におけるいじめの実態と様相

　文部科学省は，1985年度の「児童生徒の問題行動等生徒指導上の諸問題に関する調査」にはじめていじめに関連した項目を加え，全国の小学校，中学校，高等学校，および特別支援学校（1994年度より）を対象に，いじめの実態把握を始めました。2015年度の調査結果を表9-2に示しました。

　いじめ全体の認知件数は，小学校で151,692件（前年度122,734件），中学校で59,502件（前年度52,971件），高等学校で12,664件（前年度11,404件），特別支援学校で1,274件（963件），全体では225,132件（前年度188,072件）と，いずれの学校種においても前年度と比べて増加しており，とくに小学校においては，前年度から28,958件増加とその割合は顕著です。

　いじめの内容については，表9-2に示した通り，もっとも多いのは，「冷やかし・悪口・脅しなど」の口頭による攻撃で全体の63.4％を占めています。次いで「軽くぶつかられる・遊ぶふりをして叩かれるなど」の軽度暴力が22.7％，「仲間はずれ・無視」の関係性攻撃が17.6％でした。また近年問題視されているパソコンや携帯電話等を用いた「ネットいじめ」は，全体では4.1％と低い割合ですが，高等学校においては18.7％と，口頭による攻撃に次いで高い割合を示していることには注意が必要です。

　文部科学省による調査の結果は，いじめ防止対策推進法の施行に伴って定義

第9章 いじめ

表9-2 いじめの態様（2015年度）

区分	小学校	中学校	高等学校	特別支援学校	計
冷やかしやからかい，悪口や脅し文句，嫌なことを言われる。	94,353 62.2%	39,952 67.1%	7,767 61.3%	733 57.5%	142,805 63.4%
仲間はずれ，集団による無視をされる。	28,525 18.8%	9,086 15.3%	1,960 15.5%	132 10.4%	39,703 17.6%
軽くぶつかられたり，遊ぶふりをして叩かれたり，蹴られたりする。	38,889 25.6%	10,067 16.9%	1,784 14.1%	319 25.0%	51,059 22.7%
ひどくぶつかられたり，叩かれたり，蹴られたりする。	13,736 9.1%	3,447 5.8%	675 5.3%	76 6.0%	17,934 8.0%
金品をたかられる。	2,816 1.9%	894 1.5%	413 3.3%	29 2.3%	4,152 1.8%
金品を隠されたり，盗まれたり，壊されたり，捨てられたりする。	10,275 6.8%	3,636 6.1%	769 6.1%	78 6.1%	14,758 6.6%
嫌なことや恥ずかしいこと，危険なことをされたり，させられたりする。	12,317 8.1%	4,222 7.1%	964 7.6%	108 8.5%	17,611 7.8%
パソコンや携帯電話等で，ひぼう・中傷や嫌なことをされる。	2,075 1.4%	4,644 7.8%	2,365 18.7%	103 8.1%	9,187 4.1%
その他	6,729 4.4%	1,886 3.2%	569 4.5%	63 4.9%	9,247 4.1%
認知件数合計（前年度）	151,692 (122,734)	59,502 (52,971)	12,664 (11,404)	1,274 (963)	225,132 (188,072)

（注）　＊上段：件数，下段：構成比（各区分における認知件数に対する割合）
　　　　複数回答可とする。
（出所）　文部科学省（2017）

が改定された2013年度以降，3年連続で増加傾向を示しています。このことは，一見すると学校におけるいじめが年々増加・深刻化していると理解されがちですが，必ずしもそうとはいえません。滝（2011）は，2006年度調査より，それまでの「**発生件数**」から「**認知件数**」へと表現が改められたことについて，「発生件数」と表現することは，発見できたものや，発覚したものがそのすべてであるかのような印象を与え，事実の過小評価につながるとし，「教師による認知」という事実をそのまま表す「認知件数」とする方が適切であると主張しています。さらに発生件数から認知件数へと表現が改められた意味を正しく理解

123

コラム 9-1：介入優先度を探るいじめ指標とは

　今日まで世界中で様々ないじめの予防・対応のための取組が実践されてきましたが，多くの実践においてその効果を検証するために用いられてきたのは，実践前後の被害および加害報告件数の増減でした。いじめ予防・対応策の目標・目的は，既存のいじめを一つでも多く解決し，また一つでも多くのいじめを未然に防ぐことです。その意味では，たとえ数パーセントの減少率でも一定の成果がみられたということになりますし，たとえばノルウェーのベルゲン・プロジェクト（Olweus, 1999）や，フィンランドのキヴァ・プログラム（Salmivalli et al., 2011）のように，50％の減少率を示したとなれば，そのプログラムは大成功と言われます。しかしながら，「いじめの被害報告件数50％減少」が示す真実は，まだ半数の子どもが被害に遭い続けているということでもあります。そして学級，学年，あるいは学校に，たった一人でもいじめの被害に遭っている子どもがいれば，それはつねに最悪の事態が起こる可能性があることを意味します。

　こうしたいじめの実態把握と予防・対応策の効果検証のための指標について，戸田ら（2008）は，いくつかの重要な指摘をしています。第一に，いじめの指標は学年や学級単位で検証すべきということです。多くのいじめは学級等の既存の関係性の中で起こることは先述した通りです。第二に，いじめの被害に遭いながら，やり返したり，第三者に助けを求めたりできずにいる，「**純粋被害者**」を見つけ出すことの重要性です。彼らはもっとも深刻な状況にあり，最悪の事態になる前に即時的な対応が求められるからです。第三に，**いじめる側の集団化**といじめ**られる側の無力化**の過程に注目することの重要性です。戸田らは，いじめは個人レベルでは，被害頻度と加害者の数でその深刻さを知ることができるが，集団レベルでは，その過程は**加害者／被害者比率**（Bully/Victim Ratio；BVR）で説明できるとしています。すなわち，学級のようなある程度固定化された集団の中でのいじめは，最初は些細な行為が被害者と加害者が入れ替わりながらそこかしこで見られるため BVR は1.0以下となります。ところが時間の経過とともに，特定の子どもがいじめの標的として固定化され，その子に対してより深刻な行為が高頻度で集中的に行われるようになると同時に，傍観者的立場の子どもたちが暗黙裡にいじめる側を支持することで，標的とされた子はますます孤立化していくことになります。こうしたケースの場合，BVR は1.0以上となります。いじめを学年や学級単位で検証した際に，この BVR の高い学年・学級ではより深刻ないじめが行われている可能性が高く，介入資源の優先的な投入が期待されるわけです。

　金綱と戸田（Kanetsuna & Toda, 2017）は，公立中学校で実施された2年間の

第9章　いじめ

いじめ予防・対応実践において，BVRや純粋被害者数は，従来からの指標である学校全体のいじめ被害・加害報告件数が示す情報とは異なる観点から，優先的に介入すべき学級や学年の存在を明らかにする有益な情報を提供してくれるものであることを報告しています。

すれば，認知件数の増加は，学校が真剣にいじめと向き合い，積極的に対応しようとした結果と理解できるとも述べています。いじめの認知件数の多寡にばかりこだわることは，いじめがゼロの状態が「よい」状態であるかのような認識を生み，ともすれば目の前の「いじめの芽」を見過ごすことにもつながってしまいます。「いじめはどの子どもにも，どの学級・学校でも，起こりうる」（文部科学省，2013）問題であることを前提として対応することが，いじめへの取組の第一歩と言えるでしょう。

　もちろん，いじめの認知はあくまでも対応のほんの入り口に過ぎず，その後の適切な対応が重要であることは言うまでもありません。そのためには，態様も深刻さも異なる様々ないじめが認知される中で優先的に介入されるべき事案を見つけ出すことはとても重要です。この点について戸田ら（2008）は，「**加害者／被害者比率（BVR）**」という新たな集団化指標を用いた実態把握の有用性について言及しています（コラム9-1参照）。

2　いじめの予防・対応の実践例——子ども主導の取組

2-1　背景と目的

　これまで日本におけるいじめの予防・対応の実践の多くは，個々の学校に委ねられてきました。またその内容は，いじめに関与した児童生徒への事後指導，学級内のルールづくりや道徳の授業を用いたいじめの予防教育，さらには自己主張訓練，ソーシャルスキル教育やストレスマネジメント教育などの心理教育的プログラム（第5章，第6章参照）など，いずれも大人主導によるものが中心

125

でした。ところが近年，児童生徒の自主的な判断や行動を促進することを目的とした，学校間での協同の子ども主導による取組が注目されています。2007年に大阪府寝屋川市内の全公立中学校生徒会執行部員が，自分たちを取り巻く様々な問題について話し合おうという目的で集まった寝屋川市中学生サミットがその先駆けであり，現在では近畿圏内を中心に20箇所以上で同様の取組が行われています（宮川ほか，2013；渡辺，2009）。これらの取組の特徴は，「子どもが子どもの手助けをしたり，子ども同士が支え合っていく関係を意識的につくりだすこと，そして子どもにふりかかるさまざまな問題を子どもたち自身の力で乗り越えていくようにしむけていくこと，そのために，必要となる諸能力を教師やカウンセラーが訓練・開発していくこと，といった一連の活動やカリキュラム」（滝，1999）と説明されるピア・サポートの考え方にもとづいた「子ども中心」の活動であり，学校や教育委員会などの大人はあくまでも後援という形でその活動をサポートしている点です。ここでは筆者が助言者の立場で参加した，ある県のインターネット（以下ネット）問題に関する県民フォーラム開催に向けた中・高生の取組について紹介します。

2-2　ネットフォーラム開催に向けた実行委員会の活動

　本フォーラムは，前年度に実施された「いじめ防止子どもサミット」で採択された「いじめゼロ宣言」にもとづく取組の一環として，子どもと大人がネットいじめを含むネット問題についてともに考え，携帯電話（以下ケータイ）やスマートフォン（以下スマホ）の安全かつ適切な利用を促進することを目的として開催されました。この取組の企画・実行を担ったのが県内の11の中学校と三つの高等学校から集まった生徒会執行部員を中心とする20名の実行委員（中学生12名，高校生8名）でした。委員会はフォーラム本番に向けて3回，フォーラム後に2回の計5回開催されました。委員会の各回の活動の概要を表9-3に，また個別の委員会活動の流れを表9-4にそれぞれ示します。

　実行委員会では，表9-3に示した通り，各回の活動目標を定め，目標に即した活動を行いました。各回の活動の流れは，表9-4に示した通り，活動の中心

第9章 いじめ

表9-3 実行委員会の活動内容

実施回	活動目標・内容
第1回	・フォーラムの目的と内容，実行委員の役割の確認 ・「ネットの良いところと悪いところ」についての意見交換と課題の整理
第2回	・ネット利用の課題解決に向けた方策の検討 ・子どもにできる取組と大人に取り組んでほしいことの整理
第3回	・課題解決策を学校，家庭，地域の取組に整理 ・フォーラムで提案するアピールの検討
第4回	・フォーラムの振り返り ・アピールにもとづいたネット利用に関するルールの作成
第5回	・1年間の活動の振り返り ・次年度への引き継ぎ内容について検討

表9-4 実行委員会活動の流れ

活動項目	活動内容
アイスブレイク	自己紹介，班分け，班長選び　など
振り返りと目標の設定	前回の振り返り，今回の作業・課題確認　など
活動①	班ごとの話し合い，発表資料作成，発表
活動②	班ごとの話し合い，発表資料作成，発表
全体会	班ごとの意見の集約・まとめ・感想交流
次回の確認・閉会	次回委員会の活動予定確認

は4〜5名からなる班による話し合いと，その後の全体会による各班の意見の集約とまとめでした。高校生がリーダーシップをとりながら，中学生も自由に意見を表明できるような雰囲気の中で，積極的な意見交流が目指されました。

第1回委員会では，「ネットフォーラム」の目的と内容，そしてフォーラムに向けての実行委員の役割について確認しました。さらにケータイとスマホの利用のされ方の違いにも注目しながら，「ネットの良いところと悪いところ」について意見交流を行い，解決すべき課題について整理しました。第2回委員会では，課題解決のための方策について，とくに「自分たち自身で取り組めること」と「大人に取り組んでほしいこと」を整理しました。第3回委員会では，これまで検討してきた内容を踏まえ，フォーラム当日に実行委員会として「何

を，どのような方法で，アピールするのか」検討しました。最後にフォーラム
当日の役割分担について確認しました。フォーラム当日は，委員会で決めた役
割ごとに各委員がフォーラムを進行しました。またフォーラムの最後には，実
行委員会の活動報告に続いて，ネットと正しく付き合うための実行委員会アピ
ールが発表されました。フォーラム後の第4回・第5回委員会では，フォーラ
ムの振り返りを行うとともに，フォーラムで宣言したアピールにもとづいたネ
ット利用に関するルール案が作成されました。また今後も活動を継続させてい
くための仕組みづくりとして，次年度児童会・生徒会交流集会への引き継ぎ内
容について協議されました。

◆アクティブ・ラーニング

　子ども主導の取組では，実践者が子どもたちにここまでは任せるという一線を
決め，その範囲内においてはできる限りサポートに徹するという態度が，双方の
信頼関係の構築と子どもたちの積極的な活動参加に欠かせません。いじめ防止を
めざした子ども主導の実践において，子どもたちに任せてもよい活動としてどの
ような活動が考えられるでしょうか。またそのとき，教師や実践者はどのような
支援ができるでしょうか。できるだけたくさんの実践例を考えてみましょう。

2-3　実践の評価と課題

　フォーラムの開催および実行委員としての活動が個々の生徒にどのような効
果をもたらしたかについては，指標を用いた評価を行っていないためわかりま
せん。しかしながら，フォーラムに参加した児童生徒からは，「フィルタリン
グの利用やネットの利用時間について，親ともう一度話をしたい」，「ネットと
の正しい付き合い方について生徒会だよりに書こうと思う」，「ネット問題につ
いて，自分たちが中心になって授業をすることをクラスの人や先生に相談した
い」など肯定的な感想が聞かれたことから，一定の効果はあったことが推測さ
れました。一方，実行委員として活動した生徒たちからは，「実行委員会の中
ではいいけど，学校では必ずしも皆が自分たちの活動に協力的なわけではない
から難しい」や「生徒会の活動に興味をもってくれる生徒が少ないことが残

第9章　いじめ

念」など，フォーラム参加者や実行委員たちと，フォーラム不参加の生徒たちとの間で少なからず意欲や意識に差があることが推測されました。

　子ども主導の取組は，大人主導の取組に対しては否定的な意識をもちやすい子どもたちに対しても，自分たちの仲間が主導している取組ならばと，より前向きな協力が得られやすいという側面がありますが，実行委員の言葉にもあるように，すべての子どもたちが協力的とは限りません。各校の代表が集まる場では，意欲のある子どもたち同士の積極的な意見交流が見られても，各々が自身の学校で取組の成果をどう波及させるのかについては，課題が残されています。そのため，周囲の大人が子どもたちの間の意識の差に目を向け，せっかくの子どもたちの意欲が削がれてしまわないように，周囲の子どもたちに協力を働きかけることも重要です。

3　いじめ問題のこれから

3-1　新たないじめへの対応と課題

　今日の学校におけるいじめ問題への対応にかかわる重要な課題の一つに，対面状況で行われる「従来型いじめ」と，ケータイやスマホを用いたネット環境で行われる「ネットいじめ」の重複性や順次性の解明が挙げられます。仮にネットいじめが従来型いじめの延長線上で起こっているのであれば，その対応も従来型いじめに倣ったものとなりますが，研究成果は一貫していません。オルヴェウス（Olweus, 2012）は，ネットいじめの深刻な実態はマスコミ等による根拠なき過大評価に過ぎないと主張しましたが，スミス（Smith, 2012）は，たった一度の誹謗中傷であっても，繰り返し不特定多数の目に晒されることで被害が繰り返されると指摘し，単純に被害や加害の報告の多寡のみでその深刻さを評価できないところにネットいじめ独自の対応の必要性と難しさがあると反論しています。

　さらにネットいじめの予防・対応を検討する際に重要となるのが，**匿名性**に関する理解と対応です。戸田ら（2013）は，ネットいじめの独自性について，

①いじめる側が自身の匿名性が保たれていると思い込むことによる**道徳不活性化**（大西・戸田，2015）と，②学校という枠を超えて短時間でエスカレートする特性という2点を指摘しています。また金綱（Kanetsuna, 2016）はネット上での自己の匿名性に関する思い込みは，種々のネットいじめ被害に対する**危機意識**を低め，**予防行動**を抑制させることを報告しています。正確には，ネット上では匿名性は保たれていないこと，そして加害側にも被害側にもならないためには，ネット上の種々のリスク行動に対する高い危機意識と**予防意識**をもって利用すべきであることが周知徹底されることが望まれます。

3-2　いじめ減少への取組と今後の展望

　森田ら（1994）は，日本のいじめの特徴を「同一集団内の相互同一化過程における異質者に対する同調ないしは排除への圧力」であると説明しています。いじめる側の子どもたちは，特定の個人や集団に対して「異質者」のレッテルを貼るとともに，周囲の子どもたちを巻き込んで数的優位な状況を作り出した上で，自分たちを「多数派」と位置づけ，標的とした子どもたちを責め立てるわけです。しかしながら，本来，特定の集団において，何が「同質（多数派）」となり，何が「異質（少数派）」となるのかは，その集団の構成員の特徴や集団全体の雰囲気によって変わるものです。森田ら（1994）が**四層構造論**[1]で示したように，周囲の子どもたちがいじめに対して反対の声をあげることができれば，いじめる側は少数派となり，その勢力を行使することは難しくなります。そのためには，子どもたち一人ひとりが，いじめに対して"No"と言える風土，さらには，そうした子どもたちの声を大人がしっかりと受け止められる風土を学級や学校に作っていくことが不可欠です。先に紹介した子ども主導の取組は，

→1　いじめを「いじめる生徒」，「いじめられる生徒」，周囲ではやしたてたりおもしろがったりして見ている「観衆」，見て見ない振りをする「傍観者」の四層構造で説明する理論です。いじめの持続や拡大には，いじめる生徒といじめられる生徒を取り巻く「観衆」や「傍観者」の反応が大きく影響します。「観衆」はいじめを積極的に是認することで，また「傍観者」はいじめを暗黙的に支持することで，それぞれいじめを促進する役割を担います。

第9章　いじめ

子どもと大人が協同でそうした風土を作り出せる最善の方法の一つであると同時に，ネットいじめという新たな問題に対して，デジタル世代（高橋ほか，2008）と呼ばれる子どもたちの知識を最大限に生かすことができるものでもあります。こうした取組が多くの学校で実践されることが望まれます。

●練習問題　次の各文に含まれる誤りを適切に修正しなさい（解説は章末）。

①まったく見ず知らずの者から脅されたり，金品を要求されたりするのは，いじめである。

②いじめの予防・対応のための実践は，つねに大人が主導して行われるべきである。

③ネットいじめは，従来型いじめの延長として行われているものであるから，特別な対応は必要ない。

もっと詳しく知りたい人のための文献紹介

森田洋司・清永賢二（1994）．いじめ——教室の病　金子書房
　　⇨いじめを被害者・加害者を取り巻く周囲の子どもたちまで含めた集合的行為としてとらえ，その発生メカニズムについて詳しく解説されています。

スミス，P. K.　森田洋司・山下一夫（総監修）葛西真記子・金綱知征（監訳）学校におけるいじめ——国際的に見たその特徴と取組への戦略　学事出版
　　⇨世界各国のいじめ研究のこれまでの成果が総括されており，世界のいじめ研究がどのような成果を挙げてきたのか，そして今，何が課題になっているのかを知ることができます。

引用文献

Kanetsuna, T.（2016）. Effects of anonymous beliefs of internet on the levels of caution for various online risk behaviour. 31st International Congress of Psychology, Pacifico Yokohama, Yokohama, Kanagawa, Japan.

Kanetsuna, T., & Toda, Y.（2017）. Applying multiple indices to monitor bullying longitudinally: A case of a japanese junior-high school. *Psychological Test and Assessment Modeling*, **59**(2), 135-156.

宮川正文・竹内和雄・青山郁子・戸田有一（2013）．ネット問題とネット相談掲示板実践　〈教育と社会〉研究，**23**，41-52．

文部科学省（2013）．学校における「いじめの防止」「早期発見」「いじめに対する措置」のポイント　http://www.city.joetsu.niigata.jp/uploaded/attachment/99731.pdf（2017年5月4日閲覧）

文部科学省（2016）．いじめの正確な認知に向けた教職員間での共通理解の形成及び新年度に向けた取組について（通知）別添資料「いじめの認知について」

文部科学省（2017）．平成27年度「児童生徒の問題行動等生徒指導上の諸問題に関する調査」について　http://www.mext.go.jp/b_menu/houdou/29/02/__icsFiles/afieldfile/2017/02/28/1382696_001_1.pdf（2017年5月4日閲覧）

文部科学省　いじめの定義の変遷　http://www.mext.go.jp/component/a_menu/education/detail/__icsFiles/afieldfile/2015/06/17/1302904_001.pdf（2017年7月18日閲覧）

森田洋司・清永賢二（1994）．いじめ——教室の病　金子書房

Olweus, D. (1999). Norway. In P. K. Smith, Y. Morita, J. Junger-Tas, D. Olweus, R. Catalano, & P. Slee（Eds.）*The Nature of School Bullying: A Cross-National Perspective.* Routledge.

Olweus, D. (2012). Cyberbullying: An overrated phenomenon? *European Journal of Developmental Psychology,* **9**, 520-538.

大西彩子・戸田有一（2015）．認知のゆがみといじめ　吉澤寛之・大西彩子・ジニ, G.・吉田俊和（編）ゆがんだ認知が生み出す反社会的行動——その予防と改善の可能性　北大路書房　pp. 99-111.

Salmivalli, C., Kärnä, A., & Poskiparta, E. (2011). Counteracting bullying in Finland: The KiVa program and its effects on different forms of being bullied. *International Journal of Behavioral Development,* **35**(5), 405-411.

Smith, P. K. (2012). Cyberbullying: Challenges and opportunities for a research program: A response to Olweus. *European Journal of Developmental Psychology,* **9**, 553-558.

高橋利枝・本田量久・寺島拓幸（2008）．デジタル・ネイティブとオーディエンス・エンゲージメントに関する一考察——デジタル・メディアに関する大学生調査より　応用社会学研究, **50**, 71-92.

滝充（1999）．学校を変える，子どもが変わる　時事通信社

滝充（2011）．いじめの調査結果について　教育委員会月報, **745**, 7-10.

戸田有一・青山郁子・金綱知征（2013）．ネットいじめ研究と対策の国際的動向

と展望 〈教育と社会〉研究, **23**, 29-39.

戸田有一・ストロマイヤ, D.・スピール, C. (2008). 人をおいつめるいじめ——集団化と無力化のプロセス 加藤司・谷口弘一 (編著) 対人関係のダークサイド 北大路書房 pp. 117-131.

渡辺研 (2009). 「ぼくたちができることは何だろう…」寝屋川市中学生サミットからのアピール 教育ジャーナル, **11**, 8-18.

●練習問題の解説

①いじめは，当該児童生徒と同じ学校に通っている等，当該児童生徒と一定の人的関係のある他の児童生徒が行うものと定義されています。

②子どもたちがいじめを自らの問題と位置づけ，自主的な判断や行動によって対応しようとする子ども主導の実践は，いじめを許さない学級風土作りにも有用であると考えられます。

③ネットいじめには，一度の加害行為であっても被害が繰り返されるなど従来型いじめとは異なる特徴があることから，独自の対応・対策が望まれます。

―――――― ■ トピックス〈教育相談の現場〉⑤ ■ ――――――

スマホのいじめ

スマホ時代のいじめ

　欧米のいじめ研究者は，いじめ（bullying）を traditional bullying と cyber bullying に二分する場合があります。直訳すると「伝統的いじめ」と「インターネット上のいじめ」です。分け方の可否はともかく，インターネットを介したいじめには，以前のいじめと異なる面が多々あると考えてよいでしょう。

　文部科学省（2017）によると，中学校でのいじめ認知件数は59,502件で，「パソコンや携帯電話等で，ひぼう・中傷や嫌なことをされる」は4,644件（複数回答可）と全体の7.8％しかありません。しかし「1割にも満たないので，日本ではネットいじめは大きな問題ではない」とは言い切れません。吉田（2015）が述べている通り，実際にはスマホ，とくに LINE は，いじめの中で大きな役割を演じています。

ネットいじめでのスマホ

①きっかけをつくる

　MMD 研究所（2016）によると，中学生の80.8％が「普段していること」に LINE をあげています。文字だけでやりとりするので，表情が見えないため，言葉の行き違いや勘違いからトラブルが多発してしまいます。

②いじめを拡散する

　ターゲットが決まると，ネットを介して瞬時に広がります。LINE 等では，特定の人物だけを除外したグループを簡単につくることができるので，知らない間に簡単に「仲間はずし」ができます。知らない話題で盛り上がる中に入っていけないことをきっかけに疎外感を感じて，不登校になってしまう例も後を絶ちません。被害者の知らないところでネットを介して広がるので，教師や保護者にとって非常に見えづらいです。

③いじめの手段となる

　ネット上で直接的に誹謗中傷を行うこともあります。24時間逃げ場がなく，ダメージは大きいです。一昔前は，いわゆる「学校裏サイト」等で匿名で誹謗中傷を繰り返す等の加害行為が問題になりましたが，LINE は基本的に実名でやりとりするので，こうした直接的な誹謗中傷はやりにくくなっています。

④口裏合わせの場所となる

第9章 いじめ

教師等がいじめ指導をする際の口裏合わせの手段としてスマホが利用されます。ですから，いじめ指導をする際は，いじめ加害が疑われる児童生徒全員に対して複数教師で同時に行うことが求められています。

スマホいじめへの対応策

以上のように，LINE 等のやりとりは子どもたちの間に複雑に入り込んでいるので，スマホいじめへの対応策は慎重にしなければなりません。ポイントを挙げます。

①早期発見・早期対応

いじめ指導の鉄則は「早期発見・早期対応」ですが，スマホを介した場合，より重要です。新しいグループをつくったり，Twitter で特定のメンバーだけに見える「裏アカウント」で悪口を書いたりしますが，SNS が多様化し，潜行してしまいます。大人側の状況収集が何より大切です。

②事後指導

いじめを確認したときの指導は慎重を要します。前述のような口裏合わせへの配慮だけでなく，いじめ現場の画面保存等，証拠の保全も重要です。さらに，全体指導の際，教師等の何気ない発言が二次被害を生む例も多数報告されているので，被害者保護を最優先する必要があります。

③事前指導

発見しづらく，事後指導も難しいので，効果的な事前指導が求められています。とくに傍観者的な位置づけの児童生徒がどう動くかが鍵なので，道徳や特別活動等の時間を使って，有効な事前指導を模索する必要があるでしょう。

引用文献

MMD 研究所（2016）．中学生のスマートフォン利用実態調査　https://mmdlabo.jp/investigation/detail_1580.html（2017年7月21日閲覧）

文部科学省（2017）．平成27年度「児童生徒の問題行動等生徒指導上の諸問題に関する調査」について　http://www.mext.go.jp/b_menu/houdou/29/02/__icsFiles/afieldfile/2017/02/28/1382696_001_1.pdf（2017年5月4日閲覧）

吉田明子（2015）．スマートフォン（LINE）がもたらす新しいいじめ　児童心理，**29**(1)，96-101.

第10章 発達障害
——子どもの発達特性を踏まえた理解と援助

　ひとことで発達障害といっても，一人ひとりの特徴は多様で，学校における支援も異なります。発達障害は，外から見えにくい障害といわれますが，教師が発達障害を正しく理解し，適切に支援することで，学校適応は可能です。本章では，発達障害の特徴と支援の工夫を解説し，特別支援教育と関連法令についても学びます。

1 発達障害とは

　アメリカ精神医学会の精神疾患の診断・統計マニュアル（Diagnostic and Statistical Manual of Mental Disorders）第5版（DSM-5, 2013年）には，**神経発達障害**（neurodevelopmental disorders）として，知的能力障害，コミュニケーション症，**自閉スペクトラム症（ASD）**，**注意欠如・多動症（ADHD）**，限局性学習症（SLD），運動症（発達性協調運動症，常同運動症，チック症）が置かれています。DSM-5は，操作的診断基準（具体的な行動を指標にした基準）を採用しており，国際的に使用されています。

1-1 文部科学省の定義と思春期の特徴
　文部科学省（2003）の定義によると，ASDは，「3歳位までに現れ，他人との社会的関係の形成の困難さ，言葉の発達の遅れ，興味や関心が狭く特定のものにこだわることを特徴とする行動の障害」です。社会的関係の形成の困難さとは，人とかかわるのが苦手で，年齢に相応した仲間関係を築きにくいことな

どが相当します。興味や関心の狭さは，限られた話題について事細かく膨大な情報を収集したり，決まった日課や手順に強くこだわることなどです。言葉の発達の遅れは，思春期になると目立ちにくいこともあります。DSM-5では，補足事項として，**感覚異常**も挙げられています。感覚の敏感性はネガティブな記憶と結び付いて，不適応行動につながりやすいことが指摘されています。

ADHD は，「年齢あるいは発達に不釣り合いな注意力，及び／又は衝動性，多動性を特徴とする行動の障害で，社会的な活動や学業の機能に支障をきたすもの」で，7 歳以前に現れ，その状態が継続する場合をいいます。**不注意**は，所持品の紛失や忘れ物が目立つなど，**多動性**は，相手の状況に関係なく，多弁で早口で話すなどです。**衝動性**は，周囲の刺激に意識せずに反応してしまうことを指しますが，思春期になると授業中の離席，突発的に手が出ることなどは減り，思考の多動性（いろいろな発想が次々に浮かぶ）が増えるといわれています。また，思春期以降の問題として，手軽に成果や達成感が得られる対象に没入しやすい特徴から，依存症（ゲーム・スマートフォン・薬物など）との関連が注目されています。

SLD は，「基本的には全般的な知的発達に遅れはないが，聞く，話す，読む，書く，計算する又は推論する能力のうち特定のものの習得と使用に著しい困難を示す様々な状態」を指します。書くことの困難さは，手先が不器用でうまく板書できないなど，読むことの困難さは，文字をスムーズに読みづらかったり，改行で読み間違えたりするなどです。思春期になると，学習そのものへの**動機付け**が低いこともあります。

いずれも，何らかの要因で**中枢神経系**の機能不全があると推定されています。また，ASD，ADHD，SLD を重複してもつ子どももいます（図 10-1）。そして，発達障害の基本的な特徴（一次障害）と周囲の生活環境との軋轢によって生じるものを**二次障害**といいます。たとえば，本人の努力でカバーできないことを，やる気不足として叱責すると，**自尊感情**の低下や精神症状などが生じやすくなります。とくに思春期の ASD は二次障害を併発しやすく（White et al., 2009），二次障害の予防は教師の重要な役割です（第 8 章参照）。

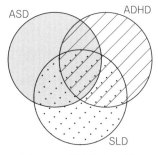

図10-1 発達障害の重複

表10-1 通常学級における課題のある児童生徒の割合

	推定値
学習面又は行動面で著しい困難を示す	6.5%
学習面で著しい困難を示す	4.5%
「不注意」又は「多動性-衝動性」の問題を著しく示す	3.1%
「対人関係やこだわり等」の問題を著しく示す	1.1%

（出所）文部科学省（2012）

1-2 文部科学省の調査

　文部科学省（2012）の調査によると，通常学級に在籍する児童生徒のうち，発達障害の可能性があり，特別支援教育の必要性のある児童生徒の割合は6.5％とされています（表10-1）。なお，この他に，義務教育段階の児童生徒のうち，知的障害，肢体不自由等（自閉症・情緒障害を含む）で特別支援学級や特別支援学校に在籍する児童生徒が2.89％います（文部科学省，2017b）。

1-3 発達障害者支援法

　障害児者として福祉サービスを利用できるのは，以前は知的障害・身体障害・精神障害に限られていました。**発達障害者支援法**（2005年に施行，2016年に一部改正）によって，発達障害も支援の対象になりました。この法律では，各都道府県や政令指定都市等に，**発達障害者支援センター**の設置を義務付けています。発達障害者支援センターは地域の関連機関として，学校とも連携します。

2 発達障害の支援の工夫

2-1 指示の工夫

　ここからは，教師としてどのような支援ができるかを考えていきましょう。まず，聴覚の情報処理が弱い児童生徒には，口頭で指示するだけでなく，板書やメモ，絵や文字で視覚的に指示するとよいでしょう。名前を呼んで十分に注意を喚起してから，具体的な行動を簡潔に伝える（形容詞「落ち着いて」ではなく，動詞「深呼吸しよう」）のがコツです。

2-2 学習環境の工夫

　視覚的な処理に困難を抱えている場合は，適切な学習環境，たとえば黒板周辺に不要なものを貼ったり置いたりしない，座席を教卓の近くにするといった工夫が可能です。

2-3 授業教材の工夫

　近年では，ICT（Information and Communication Technology：情報通信技術）を利用した補助教材も拡まっています。読むことの苦手な児童生徒が，**マルチメディアデイジー教科書**（デイジー図書）等のデジタル教材を利用したり（図10-2），学習への動機付けの低い子どもが，タブレットで学習アプリを利用するなどです。

2-4 日常の声かけの工夫

　発達障害の子どもは，対人関係で傷つくなどの二次障害を抱えがちです。そこで重要なのは，**肯定的な声かけ**を通して，学校に**居場所**をつくることでしょ

→ 1　デイジー（DAISY）とは，Digital Accessible Information System の略で，「アクセシブルな情報システム」と訳されます。近年は，ディスレクシア（特異的学習症の一種）の方など，読むことが困難な人々にも有効であるとされる，デジタル録音図書の国際標準規格です（日本障害者リハビリテーション協会）。

コラム 10-1：自閉スペクトラム症とオキシトシン

オキシトシンは「幸せホルモン」「愛情ホルモン」とも呼ばれ，他者への警戒心や恐怖心を下げたり，親密な関係を築くことに関連するといわれています。このオキシトシンが，ASD の社会性の問題を改善するという研究があります。小坂浩隆ら（Kosaka et al., 2016）は，ASD の診断を受けている若者60名に，オキシトシンを24週間点鼻してもらいました。その結果，男子の高濃度投与群はプラセボ（偽薬）群に比べて有意に改善しました。さらに低濃度投与では，オキシトシン受容体遺伝子（rs6791619）に T 型を含む（TT または TC）人のほうが（含まない人よりも）改善していました。この研究は，オキシトシンの投与量と奏功する遺伝子の型を明らかにしたことで注目されています。

図 10-2　マルチメディアデイジー教科書
（出所）　日本障害者リハビリテーション協会ホームページ

う。さらに，クラスメートから認められることで，自尊感情が回復します。

2-5　パニックへの対応

聴覚が過敏な児童生徒の場合，ふつうの話し声であっても，非常に騒がしく感じたりします。このように，自分の思い通りにならない状況でパニックにな

った（大声を出したり衝動的になった）ときは，その場から速やかに離れて，クールダウンを図るように指導します。さらに，本人が**感情コントロール**（ストレスマネジメントの一つ，第6章参照）を身につけると，パニックを収束しやすくなります。

3　特別支援教育

3-1　特別支援教育の理念

　学校教育法の改正（2007年）で，「**特別支援教育**」が明確に位置づけられました。文部科学省（2007）は，特別支援教育を「障害のある幼児児童生徒の自立や社会参加に向けた主体的な取組を支援するという視点に立ち，幼児児童生徒一人一人の**教育的ニーズ**を把握し，その持てる力を高め，生活や学習上の困難を改善又は克服するため，適切な指導及び必要な支援を行うもの」としています。これを契機に，それまで対象外だった発達障害が，特別支援教育の対象に加えられました。通常学級においても，発達障害のある児童生徒を適切に支援することが求められるようになったのです。

3-2　特別支援教育体制

　文部科学省（2007）は，特別支援教育の推進にあたって，校長の責務や校内支援体制の整備を明示し，**校内委員会の設置や特別支援教育コーディネーター**（校長による指名）の配置を定めました。校内委員会は，校長，コーディネーター，特別支援学級担任，教育相談担当者，学年主任，学級担任などで構成され，特別ニーズのある子どもを早期発見し，子どもの支援に役立つ方策を検討・具体化していくことが主な役割です。校内だけでなく，保護者，学外の関係機関，巡回相談などの専門家チームと**連携**を図りながら，個別の教育支援計画と個別の指導計画を作成し，具体的な支援につなげます。コーディネーターは，学校内外の連絡や連携の窓口として，支援体制が機能するように調整します。コーディネーターの職務は，支援方策（個別の教育支援計画，個別の指導計画）の立案，

第 10 章　発達障害

コラム 10-2：障害者に関する法令

　日本は2014年に，障害者の権利に関する条約（**障害者権利条約**）を批准しました。一連の法整備によって，共生社会の実現に向けて，障害を社会モデルでとらえ直す作業が行われています。**社会モデル**は，障害者の社会的不利益を，個人の機能障害のみに起因せず，社会における様々な障壁（**社会的障壁**）との軋轢によって生じると考え，社会的障壁の除去（**合理的配慮**）の必要性を強調します。

　障害者基本法（2011年に改正）は，「全ての国民が，障害の有無にかかわらず，等しく基本的人権を享有するかけがえのない個人として尊重される」（第1条）ことを理念としています。この改正によって，発達障害が障害者基本法の対象として明文化されました。**障害者総合支援法**（2013年4月に施行）で，制度の谷間であった**難病**も障害に含まれるようになり，**障害者差別解消法**（「障害を理由とする差別の解消の推進に関する法律」2016年4月に施行）によって，行政機関に含まれる国立・公立学校で，障害者への不当な差別的取扱いが禁止され，社会的障壁の除去のための合理的配慮の提供が義務付けられるようになりました。たとえば，書字の苦手なSLDの子どもがタブレットで授業を受けることを希望した場合，過重な負担を伴わない限りそれを認めることが法的義務になります。

学級担任への支援，**校内研修**の企画・実施，子どもや保護者の相談など多岐にわたり，専門的な知識やスキルが不可欠です。

3-3　個別の教育支援計画・指導計画

　文部科学省（2017a）は，「学校生活だけでなく家庭生活や地域での生活も含め，長期的な視点に立って幼児期から学校卒業後までの一貫した支援を行うことが重要であり，その際，家庭や医療・保健・福祉・労働等の関係機関と連携し，様々な側面からの取組を示した計画（**個別の教育支援計画**）を作成・活用しつつ，必要な支援を行う」としています。また，「個別の教育支援計画における一人一人の教育的ニーズや支援内容等を踏まえ，当該児童等に関わる教職員が協力して，各教科等における指導の目標や内容，配慮事項等を示した**個別の指導計画**を作成しつつ，必要な支援を行う」としています。個別の指導計画は単元，学期，学年等ごとに作成し，校内委員会において定期的に見直しを図りつ

つ，実施，評価，改善を繰り返すことがもっとも重要です。

4 特別支援教育の実践例

　ここでは架空の事例を通して，支援例を紹介しましょう。学級担任としてどのような支援ができるのかを考えながら読み進めてください。

4-1　教室を飛び出してしまう中学1年生

　小学校時代のAくんは，授業中の離席や衝動的な言動などがあり，担任から日常的に叱責されていました。授業には15〜20分ほどしか集中できず，学業成績も下がっていく一方でした。高学年になるほどクラスで浮いた存在となり，同級生から非難されて攻撃的にやり返すなど，対人関係でたびたびトラブルを起こしました。5年生のとき，学校はAくんに発達障害（ADHD，ASD）の傾向があると考え，特別支援教育の対象として支援を始めました。その結果，離席などの行動は減少していきました。

　中学校入学後も，Aくんは保護者の希望で通常学級に在籍していました。小学校の個別の教育支援計画を引き継いで支援していたものの，落ち着いていたのは夏休み前まででした。1年生の秋以降は，授業中にじっとしていることが難しくなり，教室を飛び出してしまうことが増えました。学校は今の支援体制を不十分と判断し，**支援方策**を再検討するに至りました。スクールカウンセラーはこの時点でAくんについての相談を受け，学校と連携しながら支援することになりました。

4-2　アセスメント

　スクールカウンセラーとコーディネーターは，まず，現状のアセスメントを行いました。その結果，教科間で学業成績の格差があること，苦手な教科でとくに教室を飛び出すことがわかりました。また，教室の飛び出しは周囲の注目を引くことで，**強化**されている可能性がありました。小学校の個別の教育支援

第10章　発達障害

計画は引き継がれているものの，教師間で対応に差が見られ，Aくんが叱責されることも増えていました。Aくんには，刺激に対する衝動的な反応，**ワーキングメモリーや処理速度の低さ**（第2章参照）といった特徴があり，二次的な問題として自尊感情の低さもうかがえました。

◆アクティブ・ラーニング
　Aくんの**不適応行動**の要因として，他にどんなことが考えられるでしょうか？またそれに対して，どのような支援が可能でしょうか？　できるだけ多く挙げてみましょう。

4-3　支援方法の提案と評価

　スクールカウンセラーとコーディネーターは，アセスメントをもとに，新たな支援方策を学級担任らに提案しました。まず，関係者が一致して肯定的な声かけをできるようにしました。とくに「〜してはいけない」「だめ」ではなく，「〜しよう」と肯定文で伝える方法を提案しました。飛び出し行動については，行き先不明の状態を改善すべく，教室を出て行く際は保健室に行くことを，Aくんと約束しました。それを見える形にして，「約束証明書」を作成しました。学校が容認できる新たな行動形成を，Aくんとともに行ったのです。さらに学級活動の一環として，彼に「配布係」を任せることにしました。これはクラス内の**居場所**につながりました。思春期では，クラスメイトから**認められること**が，何より自尊感情を高めることになります。

4-4　その後の経過

　ポジティブな行動が以前より増えていきました。飛び出す先は保健室に定まりました。これは納得したことを遵守し続けるという，ASDの特性が関係していると思われます。また，彼の苦手な教科で補助プリントを用意する，他の教師がフォローに入るなどの対応も，Aくんの不適応行動を減らしました。それに伴って，教師自身の無力感が和らぎ，それが教師からの肯定的な声かけを増やすという，良循環もみられました。支援においては，教師の気持ちの安定

が非常に重要です。発達障害の子どもの支援は，特別支援教育体制にもとづいたチーム援助（第3章参照）が基本です。

　この章では，発達障害の特徴と支援を見てきました。中央教育審議会初等中等教育分科会（2012）は，**共生社会の実現に向けて，インクルーシブ教育**や特別支援教育を推進しています。障害のある子どもと他の子どもが，平等・公平に学ぶためのシステム構築も喫緊の課題でしょう（藤本，2014）。**ユニバーサルデザイン**（トピックス8参照）の考え方や手法にも，期待が寄せられています。

●**練習問題**　次の各文章に含まれる誤りを適切に修正しなさい（解説は章末）。
　①文科省で示されるASDの定義は，「7歳位までに現れ，他人との社会的関係の形成の困難さ，言葉の発達の遅れ，興味や関心が狭く特定のものにこだわることを特徴とする行動の障害」である。
　②学校教育法の改正（2007年）では，「特別支援教育」が明確に位置づけられた。各学校には，校内委員会が設置され，教育委員会が指名した特別支援教育コーディネーターが配置された。
　③障害者権利条約の批准とそれに伴う法整備により，障害が社会モデルでとらえ直され，地域社会の実現が提唱されている。2016年には障害者差別禁止法が施行され，行政機関では社会的障壁を除去する合理的配慮が義務付けられた。

もっと詳しく知りたい人のための文献紹介

東田直樹（2016）．自閉症の僕が跳びはねる理由　角川文庫
　　　⇨重度のASD当事者が，自身の内面について，自分の言葉で平易な文章で語っています。ASD者の行動の背景にある心について知ることができます。
佐藤曉（2012）．入門特別支援学級の学級づくりと授業づくり（ヒューマンケアブックス）　学研プラス
　　　⇨特別支援学級を担任する初学者向けに書かれている著書ですが，通常学級にも応用できるエッセンスも含まれています。子どもの「困り感」に立った支援の手立てが学べると思います。

引用文献

American Psychiatric Association. (2013). *Diagnostic and Statistical Manual of Mental Disorders*, 5th ed. American Psychiatric Publishing. (日本精神神経学会 (監修) 高橋三郎・大野裕 (監訳) (2014). DSM-5 精神疾患の診断・統計マニュアル 医学書院)

中央教育審議会初等中等教育分科会 (2012). 共生社会の形成に向けたインクルーシブ教育システム構築のための特別支援教育の推進 (報告) http://www.mext.go.jp/b_menu/shingi/chukyo/chukyo3/044/houkoku/1321667.htm (2017年2月15日閲覧)

藤本裕人 (2014). インクルーシブ教育システム構築に向けた特別な支援を必要とする児童生徒への配慮や特別な指導に関する研究 国立特別支援教育総合研究所研究紀要, **41**, 15-25.

Kosaka, H., Okamoto, Y., Munesue, T., Yamasue, H., Inohara, K., Fujioka, T., … Wada, Y. (2016). Oxytocin efficacy is modulated by dosage and oxytocin receptor genotype in young adults with high-functioning autism: A 24-week randomized clinical trial. *Translational Psychiatry*, **6**, e872. doi.org/10.1038/tp.2016.152

文部科学省 (2003). 主な発達障害の定義について http://www.mext.go.jp/a_menu/shotou/tokubetu/004/008/001.htm (2017年5月17日閲覧)

文部科学省 (2007). 特別支援教育の推進について http://www.mext.go.jp/b_menu/hakusho/nc/07050101.htm (2017年3月11日閲覧)

文部科学省 (2012). 通常の学級に在籍する発達障害の可能性のある特別な教育的支援を必要とする児童生徒に関する調査結果について http://www.mext.go.jp/a_menu/shotou/tokubetu/material/1328729.htm (2017年4月18日閲覧)

文部科学省 (2017a). 発達障害を含む障害のある幼児児童生徒に対する教育支援体制整備ガイドライン http://www.mext.go.jp/a_menu/shotou/tokubetu/1383809.htm (2017年8月16日閲覧)

文部科学省 (2017b). 特別支援教育におけるプログラミング教育への期待 http://www.soumu.go.jp/main_content/000497004.pdf (2017年8月13日閲覧)

日本障害者リハビリテーション協会ホームページ http://www.dinf.ne.jp/doc/daisy/book/daisytext.html#daisytext2 (2017年5月1日閲覧)

White, S. W., Oswald, D., Ollendick, T., & Schahill, L. (2009). Anxiety in children and adolescents with autism spectrum disorders. *Clinical Psychology Review*, **29**, 216-229.

●練習問題の解説

①ASD は，３歳位までに行動の特徴が表出されます。

②特別教育支援コーディネーターは，各学校の校長によって指名されます。

③障害者権利条約に伴う一連の法整備で提唱される理念は，共生社会の実現です。また，2016年４月に施行されたのは，「障害を理由とする差別の解消の推進に関する法律」（通称：障害者差別解消法）となります。

第10章　発達障害

―――― ■ トピックス〈教育相談の現場〉⑥ ■ ――――

子どもの精神障害

　中学生のA子さんは，学校に行かなくなって半年。家から一歩も出ようとしないし，風呂にもなかなか入れず，着替えもしなくなりました。きっかけがはっきりしないままに不機嫌になり，何日か部屋に閉じこもってしまうといいます（岩宮，2016）。これが精神疾患かどうかの判断は，医師や専門家でも難しいかもしれません。10代の子どもたちは，重い精神的不調を一時的に示すことがあり，かつては思春期危機と呼ばれていました。

　アイルランドと日本の中高生の10-15％が，「他の人には聞こえない声を聞いたことがある」などの**精神病様体験**（psychotic-like experiences：PLEs）があると回答します（Dolphin et al., 2015; Nishida et al., 2008）。8歳で抑うつ傾向などが高い子どもは，13歳でPLEsを経験しやすいことや（Siebald et al., 2016），ある種の遺伝子（FKBP5リスク型）をもつ子どもが，仲間外れを経験すると，PLEsのリスクが高まることもわかってきました（Cristóbal-Narváez et al., 2016）。PLEsは精神疾患ではありませんが，統合失調症などの発症リスクになるという指摘もあります（Nakazawa et al., 2011）。

　DSM-5でいうと，児童期・青年期に注意すべき精神疾患には，統合失調症スペクトラム障害，双極性障害，抑うつ障害，不安症，強迫症，反応性アタッチメント障害，心的外傷後ストレス障害，解離症，身体症状症，食行動障害などがあります。小学生の0.7％，中学生の1.4％，高校生の4.0％が，何らかの精神疾患で治療を受けていると推定されます（深草ほか，2017）。

　児童期・青年期の精神的不調を，**内在化問題**（internalizing problems）と総称することもあります。**子どもの行動チェックリスト**（child behavior checklist：CBCL）は親が子どもの行動を評定する尺度で，ひきこもり，身体的訴え，不安・抑うつ（これらが内在化問題）など，八つの下位尺度について数値化します。大規模な追跡調査によると，児童期・青年期においては，**いじめられ体験**が内在化問題に大きく影響していました（Haltigan et al., 2017）。別の追跡調査では，13歳時に心拍数が低く，平均動脈圧が高く，唾液コルチゾールが少ない（すでに**慢性ストレス**状態にある）女子は，16歳時の内在化問題の程度が高くなっていました（Hastings et al., 2011）。

　一方で，ある種の遺伝子（5-HTTLPRショート型）をもち，超低体重・早産で

生まれた人は，22-26歳時の内在化問題の程度が高かったという報告もあります（Lahat et al., 2016）。また，在胎25週時の胎盤副腎皮質刺激ホルモン放出ホルモン（母親のストレスの程度）が高いと，5歳時に内在化問題を生じやすいようです（Howland et al., 2016）。別の追跡調査によると，4-5歳の内在化問題の程度は，14-15歳まで影響し（Weeks et al., 2016），男子の16.9%，女子の8.9%が，（4歳から13歳で）一貫して抑うつ傾向が高いと判断されました（Whalen et al., 2016）。

　それでは，内在化問題は改善できないのでしょうか。まず，安定したアタッチメントとソーシャル・サポートは内在化問題の程度を下げるようです（Pace et al., 2016）。小学校低学年向けの10週間のプログラム（Pophillat et al., 2016）や，小学校6年生の親を対象にした6週間のトレーニング（Kehoe et al., 2014）が奏功したという報告もあります。メタ分析では，**運動**が青年期の内在化問題を低減していました（Spruit et al., 2016）。日本の中高生が部活動に励むことは，メンタルヘルスに一役買っているのかもしれません。ちなみに冒頭のA子さんは，絵を描くなどの紆余曲折を経て自立していきました。心のバランスを回復する道のりは様々です。

引用文献

Cristóbal-Narváez, P., Sheinbaum, T., Rosa, A., Ballespí, S., de Castro-Catala, M., Peña, E., Kwapil, T. R., & Barrantes-Vidal, N. (2016). The interaction between childhood bullying and the FKBP5 gene on psychotic-like experiences and stress reactivity in real life. *PLOS ONE*, **11**, e0158809.

Dolphin, L., Dooley, B., & Fitzgerald, A. (2015). Prevalence and correlates of psychotic like experiences in a nationally representative community sample of adolescents in Ireland. *Schizophrenia Research*, **169**, 241-247.

深草瑞世・森山貴史・新平鎮博（2017）．精神疾患及び心身症のある児童生徒の教育に関連した疫学的検討　国立特別支援教育総合研究所ジャーナル，**6**, 12-17.

Haltigan, J. D., Roisman, G. I., Cauffman, E., & Booth-LaForce, C. (2017). Correlates of childhood vs. adolescence internalizing symptomatology from infancy to young adulthood. *Journal of Youth and Adolescence*,

46, 197-212.

Hastings, P. D., Shirtcliff, E. A., Klimes-Dougan, B., Allison, A. A., DeRose, L. M., Usher, B., & Zahn-Waxler, C. (2011). Allostasis and the development of internalizing and externalizing problems: Changing relations with physiological systems across adolescence. *Development and Psychopathology*, **23**, 1149-1165.

Howland, M. A., Sandman, C. A., Glynn, L. M., Crippen, C., & Davis, E. P. (2016). Fetal exposure to placental corticotropin-releasing hormone is associated with child self-reported internalizing symptoms. *Psychoneuroendocrinology*, **67**, 10-17.

岩宮恵子 (2016). 増補 思春期をめぐる冒険 創元社

Kehoe, C. E., Havighurst, S. S., & Harley, A. E. (2014). Tuning in to teens: Improving parent emotion socialization to reduce youth internalizing difficulties. *Social Development*, **23**, 413-431.

Lahat, A., van Lieshout, R. J., Mathewson, K. J., Mackillop. J., Saigal. S., Morrison, K. M., Boyle, M. H., & Schmidt, L. A. (2016). Extremely low birth weight babies grown up: Gene-environment interaction predicts internalizing problems in the third and fourth decades of life. *Development and Psychopathology*, Epub ahead of print.

Nakazawa, N., Imamura, A., Nishida, A., Iwanaga, R., Kinoshita, H., Okazaki, Y., & Ozawa, H. (2011). Psychotic-like experiences and poor mental health status among Japanese early teens. *Acta Medica Nagasakiensia*, **56**, 35-41.

Nishida, A., Tanii, H., Nishimura, Y., Kajiki, N., Inoue, K., Okada, M., Sasaki, T., & Okazaki, Y. (2008). Associations between psychotic-like experiences and mental health status and other psychopathologies among Japanese early teens. *Schizophrenia Research*, **99**, 125-133.

Pace, U., Zappulla, C., & Di Maggio, R. (2016). The mediating role of perceived peer support in the relation between quality of attachment and internalizing problems in adolescence: A longitudinal perspective. *Attachment & Human Development*, **18**, 508-524.

Pophillat, E., Rooney, R. M., Nesa, M., Davis, M. C., Baughman, N., Hassan, S., & Kane, R. T. (2016). Preventing internalizing problems in 6-8 year old children: A universal school-based program. *Frontiers in Psychology*, **7**, 1928.

Siebald, C., Khandaker, G. M., Zammit, S., Lewis, G., & Jones, P. B. (2016). Association between childhood psychiatric disorders and psychotic experiences in adolescence: A population-based longitudinal study. *Comprehensive Psychiatry*, **69**, 45–52.

Spruit, A., Assink, M., van Vugt, E., van der Put, C., & Stams, G. J. (2016). The effects of physical activity interventions on psychosocial outcomes in adolescents: A meta-analytic review. *Clinical Psychology Review*, **45**, 56–71.

Weeks, M., Ploubidis, G. B., Cairney, J., Wild, T. C., Naicker, K., & Colman, I. (2016). Developmental pathways linking childhood and adolescent internalizing, externalizing, academic competence, and adolescent depression. *Journal of Adolescence*, **51**, 30–40.

Whalen, D. J., Luby, J. L., Tilman, R., Mike, A., Barch, D., & Belden, A. C. (2016). Latent class profiles of depressive symptoms from early to middle childhood: Predictors, outcomes, and gender effects. *Journal of Child Psychology and Psychiatry*, **57**, 794–804.

第11章 学校の危機管理
——子どもの安全を守る
予防と対応

学校の危機管理といえば，突然，事件や事故が発生し，校長先生が記者会見をしたり，心のケアのためにカウンセラーが緊急派遣されるというニュースを見たことがあるかもしれません。また，地震や台風などの自然災害により，学校や子どもたちが影響を受けているという話を聞いたことがあるかもしれません。

学校の危機管理は，年々重要な位置づけになっています。それは，たんに，突発的な事件や事故に際して対応する危機管理だけではありません。児童生徒が，安全に安心して学校生活を送ることができるように，日頃からの予防や備え，訓練や教育，組織づくり，危機事態が発生した際の即座の対応，そして回復や復旧に向けて行うあらゆる取組が全て危機管理に含まれます。

1 学校危機とは

学校が安全で安心な環境であることは，児童生徒の学力の向上や社会性の発達，すこやかな発育や体力の増進につながる条件です。学校安全は，学校保健領域で扱われ，管理職と校務分掌の保健委員会などを担当する教職員によって作成された**学校安全計画**にもとづき，全教職員で取り組まれています。2009（平成21）年度に学校保健法が**学校保健安全法**に改題され，学校安全計画の策定と実施（第27条），学校環境の安全確保（第28条），**危険等発生時対処要領**の策定による的確な対応の確保（第29条），地域の関係機関との連携による学校安全体制の強化（第30条）をさらに進めるよう規定されました。

このような取組が進められる中で，学校では，けんか，いじめ，窃盗，暴力，

表 11-1　学校危機の内容

個人レベルの危機	不登校，家出，虐待，性的被害，家庭崩壊，自殺企図，病気など
学校レベルの危機	いじめ，家庭崩壊，校内暴力，校内事故，薬物乱用，食中毒，教師バーンアウトなど
地域社会レベルの危機	殺傷事件，自然災害（大震災），火災（放火），公害，誘拐・脅迫事件，窃盗・暴力事件，IT 被害，教師の不祥事など

（出所）　上地（2003）より作成

体育や部活動中のけが，理科の実験や家庭科の実習中の火災といったものから，学校全体に混乱をもたらす食中毒，放火事件や殺傷事件，また地域全体の危機である自然災害（地震，津波，山火事）などが発生しています。事件・事故や災害などによって学校の運営機能に支障をきたすような事態は，学校危機（school crisis）と呼ばれ，それらに対して学校には特別な備えや対応が求められています。

　学校危機についての解説をしておきましょう。危機（crisis）について，カプラン（Caplan, G.）（1970）は「一時的，習慣的な問題解決を用いてもそれを克服できないときに発生する状態である。混乱の時期と動揺の時期が結果として起こり，その間，解決しようとする様々な試みがなされるがうまくゆかない」と定義しています。とくに，学校における危機については，上地（2003）が，個人レベル，学校レベルおよび地域社会のレベルに分類しています（表11-1）。

　学校は，校内や登下校中などの学校管理下で発生した危機に対応するだけでなく，児童生徒個人の問題への対応や，地域社会で発生している問題への対応を求められます。児童生徒の家族の死亡，帰宅後の事件・事故，家族旅行中の事故など，個人レベルの危機には，学校管理下に含まれないものもありますが，学校では，児童生徒の交友関係に配慮した対応が必要になります。また，地震や台風のように多くの児童生徒が類似した内容の危機を同時に経験した場合，それが休日や夜間であっても，安否確認や登下校の安全確認が必要になります。教職員個人の危機についても，児童生徒への影響が想定される場合には危機対応が求められます。

　学校がこのような危機状態になった場合には，まず児童生徒が身体面や心理

154

第 11 章　学校の危機管理

面に影響を受けていないか確認して対応する必要があります。当該の学校に対する不安や大人に対する不信感を持つことも想定されます。また，被害に遭った児童生徒が恐怖心を抱くことや孤立感を感じることもあります。そして，教室などで，ストレスが原因となって，いじめや暴力の問題が二次的に発生する場合もあります。保護者が学校に不信感や失望感を抱き，子どもを登校させないようにしたり，学校運営に対して批判の声があがる場合もあります。教職員の側にも混乱が生じ，責任問題，同僚間の不信感，失望感，当事者の教師の疎外感など，様々な思いや感情が入り乱れることも想定されます。

　こうした混乱状況に至らないように，また，混乱を早期に解消するためには，学校は，あらかじめ危機対応に向けた準備を整え，緊急支援として迅速に危機介入を行い被害を最小限にする対応，そして，回復に向けた支援と再発防止の取組が求められるのです。

2　学校危機への対応の実際

2-1　学校安全に向けた取組

　それでは，危機管理の視点から，学校や教職員はどのような予防的で教育的な取組をしていく必要があるのでしょうか。

　学校安全で取り組む領域として，学校における「生活安全」，登下校などの「交通安全」，災害時の「災害安全」が設定されています。図 11-1 は，文部科学省が示す学校安全の構造図です。

　安全教育は，授業中の教材等の安全な利用について適切な判断ができるように学習し，安全な学校生活を送るための指導，登下校や課外活動での移動の際の交通安全など，安全の増進と望ましい習慣形成に向けた指導が含まれます。安全管理は，事故につながる可能性のある学校環境や児童生徒の学校生活上の行動の危険を察知して除去するとともに，万一の事件・事故，災害時の応急手当や安全措置をとることです。これは，教職員が担当しますが，安全が確保される中での児童生徒の参与は共助として重要なことです。最後に，学校安全に

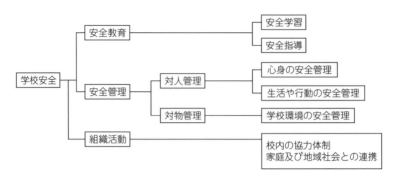

図 11-1 学校安全の構造
（出所） 文部科学省（2010）

向けた教職員の研修や児童生徒を含めた校内の協力体制，家庭や地域社会との連携が組織活動になります。

2-2 危機管理の実際

ここでは，学校危機管理の概要を，事件・事故を回避したり災害からの影響を緩和するために学校が取り組む**リスクマネジメント**の部分と，事件・事故，災害が発生した直後から行う，被害の最小化，早期回復へ向けた取組としての**クライシスマネジメント**の部分に分けて説明しましょう（図 11-2）。

リスクマネジメント

リスクマネジメントは，事故・事件の発生を未然に防いだり，災害からの影響を回避，緩和するための取組で，「**一次予防**」や「**予防**（prevention）」と呼ばれます。安全管理としては，定期的に学校の施設や設備を点検し，事故や事件につながらないようにします。安全教育の取組では，児童生徒が危険に気づいて回避し，被害に遭わないように**自助**の力をつけさせるため，予防的な指導を行います。そして，危険への恐怖心をあおるような指導よりも，危険への感受性，自己肯定感や自尊感情を高めることによって，児童生徒は自律的に安全行動を選択して行動できるようになります。

つまり，リスクマネジメントは，危険因子を早期に発見して除去または回避することと，安全教育の実施により事件・事故の発生を未然に防ぐことを目的

第11章 学校の危機管理

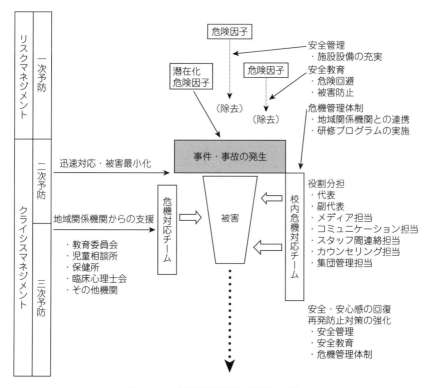

図11-2 学校危機管理のプロセス例
（出所）瀧野（2004）より作成

としています。

　加えて，教師が取り組む**積極的な生徒指導**の実践も，リスクマネジメントの取組になります。たとえば，遠足や修学旅行に向けた準備や指導，学活の時間のいじめ問題を題材にした話し合い，アンガーマネジメントによる怒りや攻撃性の置き換え訓練，ソーシャルスキルやコミュニケーションスキル，ピア・サポート，子ども同士のトラブルを子どもたちで解決しようとする**ピア・メディエーション**の指導による児童生徒間の良好な仲間関係づくり，**ストレスマネジメント**，**自殺予防教育**，**人権学習**などの実践がそれに該当します。

　しかし，事件・事故が潜在的で突発的な危険因子によってひきおこされ，事

件・事故の発生を回避できなかった場合への対応も想定しておく必要があります。できる限り迅速に対応して被害を最小化するために，学校は危機対応マニュアルを作成し，危機対応時の役割分担を決めて危機に即応できる体制をあらかじめ整えておく必要があります。さらに，危機時の学校運営（学校運営組織の再編成，短縮授業や休校，保護者説明会などに関する協議，マスコミ対応を含めた情報管理）に関するシミュレーション訓練を実施し，危機対応マニュアルや教職員間の申し合わせ事項を確認したり，地域の関係機関と打ち合わせを行うことで事前に連携を確認するなど，積極的に準備をすることが必要になります。

◆アクティブ・ラーニング

　児童生徒をとりまくリスクにはどのようなものがあるでしょうか。できるだけたくさん書き出してください。そして，気づいたリスクについて，具体的にどう対応したらいいでしょうか。どのように他の教職員や管理職と共有し，校内委員会などの組織につなげていけばいいでしょうか。

クライシスマネジメント

　安全管理や安全教育といった一次予防の取組を進めていたにもかかわらず，学校に危機事態が発生した際には，学校運営と心のケアに迅速で適切な介入を行い，被害を拡大せず，最小限にとどめる対応が必要になります。こうした初期の対応や早期の介入は，クライシスマネジメントの段階であり，「**二次予防**」や「**介入**（intervention）」と呼び，迅速な対応と被害の最小化，安全な状況への回復を目標とします。

　具体的には，発生した事件・事故によって負傷者が出た場合，救急処置を行います。救命処置が必要な場合にも即座に対応し，救急車の手配をします。日頃からの訓練により，どの教職員でも救急処置・救命処置が実施できるようにしておくことが大切です。

　事件・事故の状況によっては警察への通報を行います。救急車の誘導，同乗する教職員の選定，搬送先医療機関の確認後の保護者への連絡，教職員への指示，児童生徒の不安や恐怖心といった精神的混乱を最小限にするための安全な場所への移動や退避の誘導をします。児童生徒の点呼を実施し，被害に遭った

第11章　学校の危機管理

コラム11-1：トラウマ反応と心理教育

　災害，事件・事故後には，被災体験，喪失体験，事件・事故などによる混乱によって，児童生徒の心や身体，行動に様々な変化（表11-2）が表れることがあります。このことを説明するのが**心理教育**です。出来事の後のこれらの反応を**トラウマ反応**と呼びます。一時的なストレス反応で多くの場合は時間の経過とともに軽快してくるものです。教職員には，このような児童生徒の状態について理解してもらい，相談しやすい関係をつくり，児童生徒から話しかけてきたときによく話を聴く対応が必要です。また，無理に励まそうとしたり，何か助言をしないといけないと考えなくてもよいことを伝え，児童生徒に対して，「心身の変化や不調については，ストレスによる一般的な反応でよく起こるもので，安心感を取り戻せば回復する」と説明してもらいます。気持ちを落ち着かせたりリラックスしたりするために，**腹式呼吸**を教えたり，みんなで楽しめる遊びやワークで気分をリフレッシュすることがお勧めです。

表11-2　災害，事件・事故後に見られる心理面，身体面，行動面の反応

心理面	身体面	行動面
不安	頭痛	そわそわしてじっとしていられない
集中できない	腹痛	災害，事件・事故を思い起こさせるものを避ける
いらいらする	下痢	小さな物音にも驚く，おびえる
何も考えられない	便秘	赤ちゃんがえり
何もしたくない	吐き気	おねしょ
悲しみも楽しみも感じられない	じんましん	ゆびしゃぶり
自分はだめな子だと落ち込む	食欲低下	災害，事件・事故をまねた遊び
災害や事件・事故の光景が頭に浮かぶ	不眠・悪夢	これまで一人でできたことができなくなった

（出所）瀧野（2012）

児童生徒の氏名や被害の程度についての情報収集を行います。また，当日の授業や行事の内容を変更したり，中止の判断をすることが必要な場合もあります。このように，短時間に多くの事柄をもれのないように迅速に実施することが求められるのです。

　さらに，被害の最小化のために，即座の対応に加え，児童生徒の**二次被害**を回避するための対処をしなければなりません。まず，児童生徒を現場から離れ

た安全な場所に移動させ，警察の事情聴取がある場合には，カウンセラーなど心理の専門家の同席を求めるなど，安全な進め方を要請し，二次被害の防止に努めなければなりません。周囲からの言葉や態度，マスコミからの取材や報道においても，不快感や不利益な扱いによって精神的負担や時間的負担を感じたり，傷ついたりしないような配慮が必要になります。

危機事態に一応の収束の判断ができた段階では，危機の解決に向け，当日の対応，翌日以降の対応，1週間後，それ以降の中長期的な対応について方策を検討していきます。

まず，混乱した学校運営面の回復のために，教職員への現況の報告と情報の共有，人員のバックアップ体制づくり，当日の授業などのスケジュール調整などの応対を短時間で決定する必要があります。学校の運営面の方針が定まったあとで，次に，心のケアを含めた心身の健康状態の確認や具体的なケアの実施についての方策を検討します。外部の専門家や専門機関からの支援が必要かどうかをみきわめ，当該の児童生徒に対応する学級担任や教職員を対象に，児童生徒への適切な対応の仕方を含めた**心理教育**の研修の準備をします。

このように，学校危機時には学校運営の進め方と心のケアの実施は相互に関係しており，時間経過に伴ったアセスメント結果を考慮しながら，徐々に日常の組織運営を回復していきます。その中では児童生徒の安心感，安全感，信頼感の回復のための様々な取組を進めることが必要になります。

事件・事故後数日から1週間，その後の継続的な対応を続けていきますが，このような支援のことを「**三次予防**」や「**中・長期対応**（postvention）」と呼びます。心のケアの対象については，学校心理学の3層支援の進め方（第0章参照）と同じ考え方で，学校や学級全体を対象にする対応，ニーズが類似した少人数のグループを対象にする対応，個人を対象とした個別対応の3段階で考えて進めます。そして，ケアの全体像から，学校で教師が対応できる内容，スクールカウンセラー等が対応する内容，家庭で対応する内容，外部の医療機関で対応する内容というように，担当者別に対応する内容を考えます。

一方，学級での対応については，被害に遭った児童生徒に対して，よりよい

第11章　学校の危機管理

コラム 11-2：教師の対応の基本──サイコロジカル・ファーストエイド

　災害，事件・事故直後の教師の対応について，心理学的な応急対応である**サイコロジカル・ファーストエイド**（Psychological First Aid：PFA）という方法があります。災害，事件・事故直後の急性期の介入方法を示したマニュアルで，精神科や心理などの精神保健の専門職だけでなく，教育関係者や災害救援者などの被害者や被災者に初期段階で接する人たちが身につけることが望ましい基本的態度と知識を解説しています。PFA では，安全と安心を確立し，回復に関する資源（組織や機関，周囲の人々とのかかわり）と連携し，**心理教育**の情報の提供やストレスの軽減，対処の仕方を教えます。そして，援助が必要な場合に適切なサービスの紹介や継続的な支援者への引き継ぎを目指しています。

　PFA の対象は，児童から成人まで幅広く設定されていますが，学校関係者向けのものも開発されています。シュライバーら（Schreiber et al., 2006）は，児童生徒と教員向け，児童生徒と保護者向けの PFA のパンフレットを作成しました。傾聴してていねいに聞き取る（Listen），安全な学校，学級の場づくりで子どもたちを守る（Protect），安心できるつながり（Connect），先生が対応の仕方や乗り越え方の手本を示す（Model），災害や事件・事故後の心や体や行動についての解説と対応の仕方を心理教育する（Teach）の五つのポイントにまとめています。

適応につながる環境を整備することが必要です。回復への支援は，けがであれば身体的に回復すればよいと考えがちですが，学校生活へ復帰して再適応するためには，欠席の期間を考慮して，休んでいた間の友人関係など社会的側面，学校に戻ることについての心配や不安といった情緒的側面など回復に向けた包括的な支援が必要です。さらに，円滑な回復の条件には，再発防止を含め，生活環境の安全感，安心感を確保することも忘れてはなりません。

　また，教室における教師の態度は周囲の児童生徒のモデルになることが多く，日ごろの学校生活に加え，学校行事，記念日の対応についても，当該の児童生徒の適応につながるような配慮を計画的に準備していく必要があります。

　最後に，事件・事故の発生直後からの被害への対応と併行して，学校は，再発防止に向けた取組を提示しなければなりません。校区内で発生した事件の犯人が逮捕されていないとか，余震が続いているなど危機が継続している場合に

はその被害をできるだけ回避したり，影響を最小化するための方策を迅速に実施する必要があります。そして，同じ危機的状況を繰り返さないための取組を具体的に示し，すべての教職員が実践しなければなりません。危機の教訓を生かした，安全管理の見直しと徹底，安全教育の強化，危機管理体制の見直しと強化がそれにあたります。このことは，リスクマネジメントの取組と類似した事柄ですが，事件・事故の再発防止に向けて，危機直後の安全・安心感の回復と併せてさらに徹底した取組を開始しなければなりません。

◆アクティブラーニング
　校内でけがをしてしばらく入院して学校を休んでいた児童生徒が再登校してくることになりました。この児童生徒はどのような困難や戸惑いを経験するでしょうか？　グループで話し合ってください。そして，担任の教師としてどんな対応をしていけばいいか考えてみましょう。

3　学校の危機管理に関する課題と今後の展開

　事件・事故が契機となり，教訓を生かして不審者対応訓練が実施されたり，被災経験をもとに避難方法や避難経路を再検討し，地域住民や他校と連携した訓練が実施されるようになってきました。積極的な備えとして，児童生徒が危険への感受性を高め，自律的に安全行動を選択できるように，防災教育を含めた予防的な安全教育がすすめられています。

　危機管理には，こうした訓練の実施に加え，事後の様々な対応が含まれます。災害発生後には，児童生徒を安全に帰宅させるため，状況判断にもとづき保護者との連絡と連携が必要です。児童生徒を学校に待機させるか，保護者へ引き渡すか，安全を確保しながら判断します。さらに，災害後に学校施設が避難所になる場合には，教職員や一部の生徒が一定期間，運営にかかわることもあるでしょう。そして，児童生徒，教職員，保護者への生活支援，さらに心理面での支援を学校が担っていくこともあります。

　ここまで，学校の危機管理に向けた取組について，3種類の予防の観点から

第11章　学校の危機管理

解説しました。学校が安全で安心な環境であることは，児童生徒の学力の向上や社会性の発達，すこやかな発育や体力の増進につながる条件であることを十分理解し，未然防止に向けた日々の学校生活の安全や安心をもたらす教職員の取組が危機管理の基礎・基本になることは間違いありません。そして，もし学校危機事態になったときを想定し教職員全体で準備しておくことと，回復に向けた取組についての共通理解が大切です。以上のような学校の危機管理の概要を理解して，日々の教育活動の実践を進めていく必要があります。

> ●練習問題　次の各文章に含まれる誤りを適切に修正しなさい（解説は章末）。
> ①学校に学校危機への対応マニュアルが作成してあれば，危機対応の体制がとれている。
> ②子どもへの安全教育では，事故の恐ろしさを伝え，子どもに恐怖を与えることが危険回避には有効である。
> ③けがでしばらく入院していた児童生徒が再登校してくることになった。けがの回復は順調のようなので，担任の教師として特段の配慮は必要ない。

もっと詳しく知りたい人のための文献紹介

上地安昭（2003）．教師のための学校危機対応実践マニュアル　金子書房
　　⇨学校の安全は，積極的に創り出す必要があるものです。学校の危機管理について，教職員としての事前の備え，事後の対応の指針が得られるでしょう。

引用文献

カプラン，G.　新福尚武（訳）（1970）．予防精神医学　朝倉書店

文部科学省（2010）．「生きる力」をはぐくむ学校での安全教育──学校安全参考資料

Schreiber, M., Gurwitch, R., & Wong, M.（2006）. Listen, Protect, and Connect: Model & Teach, Psychological First Aid for Children. https://traumaawareschools.org/pfa（2017年4月30日閲覧）

瀧野揚三（2004）．危機介入に関するコーディネーション　松村茂治・蘭千壽・岡田守弘・大野精一・池田由紀江・菅野敦・長崎勤（編）　講座「学校心理士─理論と実践」3　学校心理士の実践　幼稚園・小学校編　北大路書房

163

pp. 123-136.

瀧野揚三（2012）．災害，事件・事故後の危機対応　今井五郎・嶋﨑政男・渡部
　　邦雄（編）学校教育相談の理論・実践事例集　いじめの解明　第一法規
　　pp. 1-20.

上地安昭（2003）．教師のための学校危機対応実践マニュアル　金子書房

●練習問題の解説

　①危機時には，マニュアルを見ながら対応していては迅速な対応ができません。
そのため，予行演習などのリハーサルをしておく必要があります。また，教職員
は，平時より，危機対応に必要な役割について概要をよく理解し，事前に分担す
るなどの申し合わせが必要です。さらに，教職員の異動に伴い，マニュアルの見
直しや申し合わせの確認が必要です。

　②安全教育では，まず，自分で判断し自分の身は自分で守るという「自助」の
大切さを学んでもらいます。恐怖心をあおるような指導では，かえって効果があ
りません。自己肯定感や自尊感情を高めることで，子ども自身が安全行動をとれ
るようになります。さらに，発達段階にあわせて，他者を支援する「共助」，そし
て公的な支援に協力する「公助」の進め方について指導していきます。

　③再登校してくる児童生徒の学校への再適応のために，担任の教師としては，
身体的な回復だけでなく，休んでいた間の友人関係など社会的側面，学校に戻る
ことについての心配や不安といった情緒的側面にも配慮が必要です。さらに，け
がの再発防止を含め，生活環境の安全感，安心感の確保も忘れてはなりません。

第11章　学校の危機管理

―――――――――― ■ トピックス〈教育相談の現場〉⑦ ■ ――――――――――

児童虐待

　教育現場では，様々な家庭の児童・生徒に出会うと思います。なかでも昨今増加している問題が，児童虐待です。ここでは，そのような子どもに対して，教育現場でどのように接していけばよいのかを考えてみましょう。

虐待の種類と要保護児童

　虐待には身体的虐待，心理的虐待，性的虐待，ネグレクト（育児放棄）の４種類があります（児童虐待防止法第２条）。厚生労働省が毎年発表している「福祉行政報告例」によると，もっとも多いのが心理的虐待（暴言や拒絶的な対応のほか，ドメスティック・バイオレンスなど暴力的な環境に児童が居合わせることも含む）で，次いで身体的虐待となっています。

　教育現場で働いていると，要保護児童と呼ばれる子どもたちに出会うことがあります。要保護児童は，児童福祉法第６条の３に，「保護者のない児童又は保護者に監護させることが不適当であると認められる児童」と規定されています。この「保護者に監護させることが不適当」という部分が，虐待を意味します。教育現場において要保護児童は，おもに虐待を受けている児童生徒を指します。

要保護児童が学校で発見される場合

　もし自分が受け持っている子どもが，顔や身体にあざをつくって登校してきたら，できるだけ午前中に「このあざはどうしたの？」と本人に聞いてみましょう。本人が「親から叩かれた」などと話してくる場合があります。そのときは一人で抱え込むことなく，すぐに管理職に報告しましょう。管理職は，児童相談所か市町村の福祉事務所に連絡を入れます。このように，所定の機関に連絡することを通告といいます。通告は，児童福祉法第25条で，「要保護児童を発見した者は，これを…（中略）…市町村，都道府県の設置する福祉事務所若しくは児童相談所に通告しなければならない」と義務付けられています。児童虐待防止法第６条にも同様の記述があります。

すでに要保護児童として登録されている子どもの場合

　学校には様々な子どもが入学してきます。その中には入学前に虐待を受けた経験のある子どももいます。そのような家庭は，児童相談所等の機関によって，すでに見守りの対象になっていることもあり，進学・進級の際には，市町村から管理職に報告されるはずです。児童相談所や市町村の担当ケースワーカーと連絡を

165

密に取りつつ，対応していくことが大切です。

虐待を受けた子どもたち

　虐待をしている親の多くは，そもそも自分たちが虐待をしているという意識を
もっていません。躾の一環だと考えています。しかし，子どもに恐怖心を与える
教育は，心身の健全な成長を妨げ，非行化やひきこもりなどにつながる可能性を
はらんでいます。

　まず，虐待を受けると**愛着**に問題が生じ，人との信頼関係を築きにくくなりま
す（**反応性アタッチメント障害**）。挑発的であったり，警戒的であったり，自然な
情緒交流ができずに，友だちとトラブルを起こしやすくなります。また，我慢強
さが低下し，気持ちの制御が難しくなり，多動や不注意も目立つようになります
（脳の前頭葉機能の低下）。そして，人から褒められてもうれしく感じにくく，
「もっと頑張ろう」という**モチベーション**も低下します（脳の報酬系の機能不全）。
ときには，フラッシュバックなどの PTSD 症状や，抑うつ，不安，依存症などの
精神疾患を併発することも少なくありません。虐待を受けた子どもたちの傷は深
く，そのケアには多くの時間と人手を要します。

　児童虐待は，人間のもつ負の側面（残虐さや堕落）を目の当たりにする問題な
ので，その子どもに接する援助者（ケースワーカー，臨床心理士，教師）も精神
的に参ってしまうことが知られています。これは，**二次的外傷性ストレス**（二次
受傷，代理トラウマ，共感疲労ともいう）と呼ばれます。援助者自身のケアも必
要になるのです。

第12章 学級経営による子どもの援助
——問題行動と学級崩壊を
予防する

日本の学校の教育は，学級経営をベースに行われています。学級で授業を行います。つまり学級が機能しなくなることは，授業，学校生活が同時に機能しなくなることを意味します。そのために学級の秩序をどうつくるかは教師のもっとも重要な関心事です。教育相談というと，教師が個別に子どもを援助するイメージをもつかもしれませんが，教師は学級という集団をつくることで子どもの居場所をつくり，子どもを援助しています。本章では学級経営について，学級崩壊の予防を視野に入れながら解説していきます。

1 日本の学校における「学級」とは

1-1 学級がもっている予防的機能

日本の学校は学級単位で動いていきます。たとえば，米国の中学校や高等学校では，教師のいる教室に子どもが集まり，そしてその学級が終わると次の教室に移動するという光景を映画などで見ることができますが，日本の場合，ほとんどの小学校，中学校，高等学校は，子どもがいる教室に教師が移動して授業を始めます。

授業は学級で受けますので，この学級の居心地が悪くなることは，学校そのものの居心地が悪くなることに直結します。そのために学級が集団として機能せず，授業を行えず，崩壊することは，子どもや保護者，教師にとっては一大事なのです。一方で，学級が安定していることは子どもにとっては，居場所が確保され安心できる級友や先生に囲まれていることを意味します。つまり，学

級が安定し学級集団の質が高まると，それだけで子どもは適応していきます。一方，教師が教育相談の技法を学び，子どもを個別に支援しても，学級が居心地が悪いとまた不適応になってしまいます。越（2013）は学級経営を子どもの心身を守る予防的な機能から論じています。学級を充実させることは**予防的な**活動であると言えます。

1-2 学級が崩壊するとは

さて，**学級崩壊**というのはどのような現象でしょうか？　本章では，学級崩壊を，「子どもの問題行動や授業妨害行動により，学級単位で授業や行事を行うことができなくなったその状態，また状態に近づきつつある状態」とします。学級崩壊はいつごろから起こってきたのでしょうか？　国立教育政策研究所生徒指導研究センター（2005）によると，1998年前後から小学校において授業中の私語，**学習意欲の低下，教師への反抗**から授業が成立しがたく，学級がうまく機能しない状況が一部で見られたとしています。もちろん中学校においても同様のことは確認でき，生徒の離席，徘徊など，学級から学年全体が崩壊する状況が報告されています。昨今，**教師の世代交代**が進み大都市を中心に若い教師が増えていますが，若い先生方にとって，学級経営は難しいと推察されます（高平ほか，2015）。

1-3 子どもの問題行動と学級崩壊

学級崩壊は学級単位で授業や活動が展開できない状態を意味しますが，学級が崩壊する一つのきっかけとして子どもの**問題行動**が考えられます。ではなぜ子どもの問題行動は起こるのでしょうか？　最近の子どもの問題行動の研究から学級が問題行動に影響しているという知見が提出されています。たとえば，大久保・加藤（2006）は，645名の中学生を対象に調査を行い，問題行動を起こす生徒を受容する学級ほど，学級が荒れており，問題行動を起こす生徒の活動に対して支持的な**雰囲気**があることを指摘しています。さらに，加藤・太田（2016）は，中学生906名を対象に調査を行い，通常学級より困難学級の生徒の

ほうが学級全体の**規範意識**を低く評価していることを明らかにしています。この二つの調査は，子どもの問題行動に学級の有り様が影響していることを意味しています。このことは問題行動だけでなく，いじめについても同様のことが言えます。大西（2015）は，小学生240名，中学生307名を対象に調査を行い，いじめに否定的な学級規範がいじめ加害傾向を低める可能性を指摘しています。さらに中学生439名を調査した樋口（2017）においても，学級所属感といじめ否定的学級規範が，いじめ加害傾向を低めていることが指摘されています。

2 学級が崩壊しないために——相反する二つの役割遂行

では，学級崩壊を招かないために教師はどうしたらよいのでしょうか？　学級をうまく経営するためには教師が適切な指導をすることが大切であることは，読者の皆さんも想像がつくと思います。

河村（2010a）は教育環境の良好な学級集団には**ルール**と**リレーション**の二つの要素が同時に確立していると指摘しています。学級内のルールとは，対人関係に関するルール，集団活動・生活をする際のルールです。学級内にルールが定着していると，子どもたちは「傷つけられない」という安心感の中で生活できると河村（2010a）は説明しています。さらに，リレーションとは，学級集団の子ども同士にふれあいのある本音の感情交流がある状態です。リレーションがあると，子どもたちの間に仲間意識が生まれ，授業や行事などが活発なものになると言います。

では，学級にルールを定着させ，子ども同士のリレーションを育むには教師はどうしたらよいのでしょうか？　じつは教師は相反する指導を子どもにしています。学級経営では伝統的に「子どもを統制しようとする指導行動」と「子どもの人間関係を育む指導行動」という相互に矛盾する指導が行われていました（Heather et al., 2012）。

我が国においては，三隅・矢守（1989）は中学校の学級担任教師を対象に，生活や学習に対する規律・指導，授業に対する厳しさ，学級活動促進，学習指

導などに関係する項目からなるP（performance）行動，そして配慮や親近に関係する項目からなるM（maintenance）行動の二つの因子を作成しました。河村（1996）は，小学校65校の担任教諭110名とその担任教諭が受け持つ児童3,351名を対象に調査を行い，P型指導行動とM型指導行動の両方の指導行動を高く認知している児童の学級（PM型学級）では，スクールモラール得点（学級の雰囲気，級友との関係，学習意欲から構成される）が高かったと指摘しています。さらに，藤原・大木（2008）は，小学校5，6年の児童248名と教師9名を調査し，PM型の学級では，〈学級モラール〉，〈学級イメージ〉の得点が他のタイプの学級と比較してもっとも高く，児童の教師評価は高く，教師の自己評価とのズレはほとんど認められなかったとしています。

　また，PMという考え方以外にも学級経営のための教師の指導行動を明らかにしようとする試みがあります。嶋野（2008）は，「先生はあなたたちのやりたいことを，よく聞いてくれますか」，「先生は給食の時間に，みんなといろいろなお話をしますか」といった項目からなる受容（A：Acceptance），「先生は決まりを守るように言いますか」，「先生は忘れ物をしないようにいいますか」といった要求（D：Demand）のA-D尺度を開発し，因子構造を確認しています。平井・水野（2017）は，A-D尺度を活用して中学校1〜3年生580名を対象に調査し，教師の指導態度においては，〈受容的指導態度〉と〈要求的指導態度〉両方が授業逸脱行動である〈潜在的逸脱行動〉，〈顕在的逸脱行動〉を抑制する可能性があることを示唆しています。このように教師の指導行動には，厳しさを示す指導行動と優しさを示す指導行動の両方があり，それが学級づくりに役立っている可能性があります。教師はどうやらこのように相反する二つの側面の実践を同時に学級経営の中で行う必要があるのです。これは，どちらかというと受容，M型指導行動を中心に行うカウンセラーやソーシャルワーカーなどの対人援助職と決定的に異なる点です。

3 学級集団の発達

　では，学級集団をどう見ればよいのでしょうか？　教育相談において学級集団の発達をエビデンスとともに提唱したのが河村（2010b）です（表12-1）。河村（1999）および河村・田上（1997）は，Q-U（コラム12-1参照）という標準化されたアンケートによる診断ツールを開発し，学級集団の人間関係や子どもの意欲やソーシャルスキルを具体的に分析しています。そして，河村（2010b）は，

表 12-1　河村（2010b）の学級集団発達過程

段　階	説　明
第1段階 混沌・緊張期	学級構成直後の段階で，子ども同士の交流が少なく，学級のルールも定着しておらず，一人ひとりがバラバラの状態である。集団への帰属意識も低い状態である。学級集団は堅苦しい雰囲気であり，すでにある友人関係に閉じこもったり，他の子どもと表面的なつき合いを試みたり，教師を知るために試し行動を行う子どもも見られる状態である。
第2段階 小集団形成期	学級のルールが徐々に意識され始め，子ども同士の交流も活発化してくるが，その広がりは気心の知れた小集団内にとどまっている状態である。学級内では，一定の安定に達するまでに，小集団同士の友だちの引っ張り合いや，トラブルがよく見られる状態である。
第3段階 中集団形成期	学級のルールがかなり定着し，小集団同士のぶつかり合いの後に一定の安定に達した状態。指導力のあるリーダーがいる小集団などが中心となって，複数の小集団が連携でき，学級の半数の子どもたちが一緒に行動できる状態である。この時期は，そういう学級集団の流れに反する子どもや下位集団が明確になる時期でもある。
第4段階 全体集団成立期	学級のルールが子どもたちにほぼ定着し，一部の学級全体の流れに反する子どもや小集団ともある程度の折り合いがつき，子どもたちがほぼ全員で一緒に行動できる状態である。
第5段階 自治的集団成立期	学級のルールが子どもたちに内在化され，一定の規則正しい全体生活や行動が，温和な雰囲気の中で展開される。さらに課題に合わせてリーダーになる子どもが選ばれ，すべての子どもがリーダーシップをとりうるようになる。学級の問題は自分たちで解決できる状態（逸脱行動には集団内で抑制するような行動が起こり，活動が停滞気味のときには，子どもたちの中から全体の意欲を喚起するような行動も起こる。子どもたちだけで考えても学校教育の目的から外れないという具合）である。子どもたちは自他の成長のために協力できる状態である。本文中にあげた望ましい学級集団のⅠ～Ⅳの要素がすべて満たされている。

（出所）　河村（2010b）を一部改変

171

コラム 12-1：Q-U とは？

　Q-U とは QUESTIONNAIRE — UTILITIES の略です。具体的には，楽しい学校生活を送るためのアンケート（Q-U），よりよい学校生活と友達づくりのためのアンケート（Hyper Q-U）として図書文化社から発売されている標準化されたアセスメントツール（アンケートによる診断）です。このアンケートは河村茂雄により開発されました（河村，2015）。Q-U は様々な尺度がありますが，まずは，「いごこちのよいクラスにするためのアンケート」のプロット図（図12-1）を理解することが大事です。

　このアンケートの特徴は，学級において友人からどの程度承認されているかと問う「承認尺度」，そして，直接的な攻撃や悪口，からかいなどを示す指標である「被侵害尺度」の二つを掛け合わせ，子どもの学級における位置づけを視覚的に把握できることです。承認尺度，被侵害尺度によって図 12-1のように4象限に分け，子ども一人ひとりの状態を把握していきます。ここで，問題となるのが，承認得点が低く，なおかつ被侵害得点が高い「④学級生活不満足群」，さらに，一段と承認得点が低く，被侵害得点が高い「⑤要支援群」の子どもたちです。

図 12-1　Q-U のプロット図
（出所）河村（2015）や図書文化社のパンフレットを参考に筆者が作成

第12章　学級経営による子どもの援助

　Q-U 実施の目的の一つがこうした子どもたちの発見です。とくに「⑤要支援群」の子どもはすぐに支援する必要があります。さらに，Q-U では，たとえば，被侵害得点は低いが承認得点が低い「②非承認群」の子ども，逆に，承認得点が高いが被侵害得点が高い「③侵害行為認知群」の子どもも発見することができます。非承認群の子どもは，クラスの中で認められていない子どもたちです。教師はこうした子どもたちにアプローチし，承認得点を高める必要があります。非承認群の子どもたちが増えると学級が何とも言えないしらけた雰囲気となります。承認得点が高く，同時に被侵害得点が高い「③侵害行為認知群」の子どもは，被害感が高い子どもやソーシャルスキルが低い子どもが集まっていると言われています。

　Q-U は個別の子どもたちの援助に役立つのみならず，学級の状態を理解することで学級経営への具体的な示唆が得られます。たとえば，子どもにどの程度ルールが共有されているのかということと，子ども同士また子どもと教師のリレーション（信頼関係）がどの程度形成されているのかがわかります。当然，児童生徒にルールが共有されておらずリレーションが低い場合に学級崩壊が起きます。この状況を見ながら，この学級がどの集団発達の状態（表12-1参照）なのかを判断し，適切な対応をしていきます。

望ましい学級集団の要素として，「Ⅰ　集団内の規律，共有された行動様式」，「Ⅱ　集団内の子ども同士の良好な人間関係，役割交流だけでなく，感情交流や内面的なかかわりを含んだ親和的な人間関係」，「Ⅲ　一人一人の子どもが学習や学級活動に意欲的に取り組もうとする意欲と行動する習慣，同時に，子ども同士で学び合う姿勢と行動する習慣」，「Ⅳ　集団内に，子どもたちのなかから自主的に活動しようとする意欲，行動しようとするシステム」を指摘しています。

◆アクティブ・ラーニング
　皆さんが小学校から高校生までの学級で，あなた自身も，またあなたの友だちも居心地のよかった学級を一つ思い出してください。そして，なぜその学級が居心地がよかったのか，教師の指導行動と，学級集団の発達の見地から考え，グループで意見交換してみてください。

4 学級経営の実践例──学級崩壊を防ぐ

　筆者はこの河村（2010b）の学級集団発達過程の理論（表12-1参照），前述した教師の指導行動，そして，学級の状態を測定するQ-Uを用い，学級崩壊の予防への取組をしています。Q-Uの**承認得点**，**被侵害得点**（コラム12-1参照）により，学級の状態を見立てます。ここでは小学校5年生のA先生の学級をみてみましょう（架空事例）。

【事例】　5年生担任20代A先生からの5月の相談

　小学校で担任をしております教員2年目のAと言います。今日は私の担任している学級のことをお話ししたいと思います。

　まず，4月の学級開きの時期からBくんが落ち着かないのです。昨年度の担任から「Bくんは学習面での躓きがあり，とくに読むのが苦手」ということを聞いています。Bくんはとくに算数や国語のワークシートに取り組む時間になるとウロウロと歩きまわってしまいます。私も最初はやさしく，「Bくん，席につこうね」と言っていました。しかしそれも効果がありませんので，少し厳しく指導していました。保護者にも連絡を取り，お家で，「授業中は席につく」という約束をしてもらっています。GW明けから具合が悪いのは，Bくんが立ち歩くと注意するCくんの声が大きくなり，学級の他の子どもたちが「Cはうるさい」とか「Bはじゃまだ」といったお互いを注意する声が響き渡り，教室の雰囲気がなんとも言えない殺伐とした状況になることです。また女子の何名かは，その光景を笑って見ています。担任の私は，これはまずいと思い，気がつくと「Bくん，席に座りなさい」と「他の人も静かにしなさい」と怒ってばかりいます。

　この学級を皆さんはどう見ますか？　読むのが苦手なBくんに学級が振り回されているような状況です。本来ならこの学級はQ-Uを実施し，学級内の人間関係のあり方や子どもの意欲，そしてソーシャルスキルの状態を把握する必要がありますが，この場合は，筆者が授業場面を観察し，担任教諭と解決策を話し合うという方法（**コンサルテーション**）をとりました。

　筆者はこの教室の授業時間，20分休みを観察し，学級の中の子どもたちは小さなグループに固まっているのではないかという仮説を立てました。さらに，

第 12 章　学級経営による子どもの援助

わざと先生に反抗して面白いことをやり注目を浴びようとする少しやんちゃな
Cくんを中心とする 3 名の男子グループがおり，この子どもたちが教師に対し
てわざと反抗的な態度をとり，試し行動をしているように見えました。

　この学級の状態をどう理解したらよいのでしょうか？　河村（2010b）の**学級
集団発達過程**の理論（表 12-1 参照）を当てはめて考えてみると，この学級は
〈混沌・緊張期〉の段階に留まっていると思えました。学級の子どもたち同士，
教師と子どもの信頼関係が十分にできていない状況です。Bくんが何に困って
いるのかじっくりと考えてみる必要があります。筆者は教師と学級経営の方針
を話し合います。

　残念ながら担任のA先生は焦ってしまっています。Bくんの行動を叱責する
ことは重要なことですが，A先生はBくんがうまくできているとき，椅子に座
れているときに認めたり褒めたりしていないことが明らかになりました。

　Bくんの立場からしてみたら，先生からのアプローチはいつも叱責なのです。
行動を注意されるだけです。授業中にどのような行動をしたらよいのかについ
てのモデルが示されません。授業中立ち歩いているのは目的があるからです。
また，同級生のCくんらのグループに注意され，女子に笑われていることにつ
いてもBくんは悔しく，腹立たしい気持ちになっています。Bくんは「教材を
読むこと」が苦手です。すぐに，昨年，Bくんの担任であった先生と連携して，
Bくんは読むのが苦手で立ち歩いているのではないかということになりました。

　A先生，今も同じ学年にいる昨年の担任の先生，筆者で改善策を話し合いま
す。Bくんの個別の援助も重要ですが，教室の中でBくんだけにかかわるわけ
にいきません。そこで，A先生は，授業を改善することにしました。具体的に
は，黒板で問題文を例示し，A先生が例題を解いてみることにしました。さら
に，Bくんの席をCくんと離れた位置にすること，学級のルールをもう一度再
確認し，帰りの会では「友だちがしてくれてありがたかったこと（感謝カー
ド）」を紙に書いて教師に提出させて，次の日の朝にその感謝カードを数枚読
むことにしました。こうした担任の工夫が功を奏したのか学級が徐々に落ち着
いてきました。5 月の後半になると，ときどきBくんは立ち歩くこともありま

175

すが，周囲が落ち着いているので，それ自体が問題になりません。

　次に，Ａ先生が気をつけなければならないことは次の〈小集団形成期〉（表12-1参照）における対策です。この時期は，一見するとトラブルが多く発生しているように見えます。この時期，授業中においても，話し合いのルール，認め合いのルールを徹底し，話し合いを進めていくことが大事です。〈小集団形成期〉に，あまりに自由な話し合いの場面を提供してしまうと，子ども同士が批判し合い，攻撃し合う状況が生まれます。筆者はアクティブ・ラーニングが本当の意味で効果を持つのは，第三段階の中集団形成期以降と見ています。

　教師は，学級のルールとリレーションの状況を把握しながら，子どもたちとの信頼関係を定着するような指導（Ｍ型指導行動），規律やルールを守るように要求する指導（Ｐ型指導行動）を組み合わせ，状況に合わせた指導をしていくことが重要です。ここに教師の専門性があります。

●**練習問題**　次の各文に含まれる誤りを適切に修正しなさい（解説は章末）。
　①学校におけるいじめや不登校の予防として，学級経営を充実させることは有効ではない。
　②問題行動を起こす子どもは，子ども自身の規範意識に課題があるので学級集団の影響はない。
　③小集団形成期になれば学級は落ち着くので，班活動や調べ学習など動きのある授業を展開させることが望ましい。

もっと詳しく知りたい人のための文献紹介

河村茂雄（2012）．学級集団づくりのゼロ段階――学級経営力を高める Q-U 式学
　　級集団づくり　図書文化社
　　　⇨学級経営のバイブルというべき図書。効果的な学級経営のためには何が必要
　　　　かが書かれています。集団発達理論や Q-U について丁寧に解説しており，
　　　　学級集団の発達を意識しながら，子ども支援について理解できます。

引用文献

藤原正光・大木菜々子（2008）．PM 式指導累計に対する児童と教師の認知――

学級モラールと学級イメージとの関係から　教育学部紀要（文教大学教育学部），**42**，59-67.

Heather, D. A., Summers, J. J., & Miller, L. M. (2012). *An Interpersonal Approach to Classroom Management: Strategies for Improving Student Engagement.* Corwin A Sage Company.

樋口真悟（2017）．いじめ加害行動を抑制する要因の検討──生徒の教師に対する信頼感と学級所属感の視点から　大阪教育大学大学院学校教育専攻心理学コース修士論文（未刊行）

平井尚美・水野治久（2017）．中学生の授業逸脱行動を抑制する要因の検討──学級風土と教師の指導態度の視点から　大阪教育大学紀要第Ⅳ部門，**65**(2)，271-283.

加藤弘道・太田正義（2016）．学級の荒れと規範意識および他者の規範意識の認知の関連──規範意識の醸成から規範意識をめぐるコミュニケーションへ　教育心理学研究，**64**，147-155.

河村茂雄（1996）．教師の PM 式指導類型と勢力資源及び児童のスクール・モラールとの関係についての調査研究　カウンセリング研究，**29**，187-196.

河村茂雄（1999）．生徒の援助ニーズを把握するための尺度の開発（1）──学校生活満足度尺度（中学生用）の作成　カウンセリング研究，**32**，274-282.

河村茂雄（2010a）．授業づくりのゼロ段階──Q-U 式授業づくり入門　図書文化社

河村茂雄（2010b）．日本の学級集団と学級経営──集団の教育力を生かす学校システムの原理と展望　図書文化社

河村茂雄（2015）．コラム　Q-U とは　こうすれば学校教育の成果は上がる──問題分析でみつける次の一手！　図書文化社　pp. 41-43.

河村茂雄・田上不二夫（1997）．いじめ被害・学級不適応児童発見尺度の作成　カウンセリング研究，**30**，112-120.

国立教育政策研究所生徒指導研究センター（2005）．学級運営等の在り方についての調査研究　平成17年 3 月　http://www.nier.go.jp/shido/centerhp/unei.pdf（2017年 5 月 1 日閲覧）

越良子（2013）．予防教育としての学級経営　山崎勝之・戸田有一・渡辺弥生（編著）　世界の学校予防教育──心身の健康と適応を守る各国の取り組み　金子書房　pp. 335-374.

三隅二不二・矢守克也（1989）．中学校における学級担任教師のリーダーシップ

行動測定尺度の作成とその妥当性に関する研究　教育心理学研究，**37**，46-54.

大久保智生・加藤弘道（2006）．問題行動を起こす生徒の学級内での位置づけと学級の荒れ及び生徒文化との関連　パーソナリティ研究，**14**，205-213.

大西彩子（2015）．いじめ加害者の心理学——学校でいじめが起こるメカニズムの研究　ナカニシヤ出版

嶋野重行（2008）．教師の指導態度に関する研究——AD 尺度の追試的研究　盛岡大学短期大学部紀要，**18**，43-55.

高平小百合・太田拓紀・佐久間裕之・若月芳浩・野口穂高（2015）．小学校教師にとって何が困難か？——職務上の困難についての新任時と現在の分析　論叢（玉川大学教育学部紀要），**5**，103-125.

図書文化社（パンフレット）　hyper Q-U：よりよい学校生活と友達づくりのためのアンケート　Q-U：楽しい学校生活を送るためのアンケート　コンピュータ診断資料の見方・生かし方　小学校用 1 年〜3 年・4 年〜6 年

●練習問題の解説

①学級経営を充実させることで，学級の居心地がよくなります。ゆえに，いじめ被害や不登校が減少します。

②問題行動を起こす子どもは，学級の他の子どもの影響を受けるので必ずしも子ども自身の規範意識だけを高めれば，問題行動が減少するとは言えません。

③小集団形成期は，学級のルールの共有は学級内のそれぞれの集団に閉じています。ルールが共有されていないので，班活動や調べ学習を行う場合はルールの確認など十分に準備したほうがよいです。

―――――――― ■ トピックス〈教育相談の現場〉⑧ ■ ――――――――

授業のユニバーサルデザイン――どの子も「できる・わかる」授業づくりをめざす

ユニバーサルデザインと授業づくり

　ユニバーサルデザインとは，一般に，文化・言語・国籍の違い，年齢や男女といった差異，障害や能力の如何を問わずに利用することができる施設・製品・情報の設計やデザインと言われています。障害のある人も利用しやすいトイレ，触れることによって種類がわかる紙幣の印，外国語の表記もある掲示などがよく見受けられます。

　国際条約である「障害者権利条約」（日本は2014（平成26）年に批准）においては，ユニバーサルデザインを「調整又は特別な設計を必要とすることなく，**最大限可能な範囲ですべての人が使用することのできる製品，環境，計画及びサービスの設計をいう。**」としています。

　この定義を授業に当てはめると，授業のユニバーサルデザインは，「個別的な調整又は特別な設計を必要とすることなく，**最大限可能な範囲ですべての子どもがよくわかる教科教育等の授業設計**」などとされると考えられます。

　教科教育等の授業は，基本的には一斉型で，指導目標や指導内容，指導方法は単一です。授業のユニバーサルデザインとは，そうした条件下で，どの子もわかる授業を追究することを意味します。ですから，特別な支援が必要な子どもなどに焦点を当てて，その子どもを包括できる授業を設計することを基本とした取組が重視されます。

今日的な授業のユニバーサルデザインの研究

　現在，各地で授業のユニバーサルデザインに関する研究が盛んに行われています。その中で，授業のユニバーサルデザインを専門的に研究することを目的とした**日本授業 UD 学会**の取組を紹介します（日本授業 UD 学会，2016a，2016b）。

　この学会では，授業のユニバーサルデザインの定義を，「**学力の優劣や発達障害の有無に関わらず，すべての子どもが楽しく学び合い『わかる・できる』ように，工夫配慮された通常学級における授業のデザイン**」としています。

　「通常学級における授業」と限定していますが，これは，特別支援学級等では，「最大限可能な範囲で」ではなく，**オーダーメイドの教育**が可能であり，ユニバーサルデザインより高いレベルの個別的な教育ができることを意味しています。

　日本授業 UD 学会における授業のユニバーサルデザイン研究では，以下のこと

を重視しています。

- ユニバーサルデザインを取り入れることは，どの子もわかるという**目的を達成するための手段**であり，目的を見失わないこと。
- 教科教育の研究であることを認識し，**教科の本質**を見失わず，指導内容等の**質的なレベルは下げない**こと。
- **特別支援教育**の考え方を生かすこと。
- 特別な支援が必要な子どもも**可能な限り包括**し，個別的な配慮も含み，種々の工夫により，どの子もわかる授業を目指すこと。

　また，実際の授業実践においては，以下のことを求めています。

- 指導目標や指導内容を**焦点化**すること。
- **視覚化**などによって，課題解決を容易にできるようにすること。
- 知見等を子どもたちが皆で，**共有化**しながら理解すること。

これからの授業のユニバーサルデザイン研究

　これまでの授業のユニバーサルデザイン研究において明らかになってきたことは，以下のようなことと考えられます。

- 発達障害等のある子どもの授業の工夫は，ほかの子どもにも有効である。
- 授業のユニバーサルデザイン研究を深めることは，教科教育研究を深めることになる。
- 授業のユニバーサルデザインには，学級経営の状態が大きく影響を与える。
- 焦点化された，シンプルな授業は，支援が必要な子どももよく理解ができるとともに，比較的理解の早い子どもにも，本質的な理解を進めることが可能である。

　これからも，学級経営等の研究も進めながら，最大限可能な範囲ですべての子どもがよくわかることをめざすことが重要と考えられます。また，授業のユニバーサルデザインは，子どもの能動的な取組を大切にしていることから，今後よりいっそう重視されるアクティブ・ラーニングと同一方向を歩んでいると考えられます。授業のユニバーサルデザインは，主体的・対話的で深い学びを追究するアクティブ・ラーニングを実施するうえで，有効な考え方・進め方であると理解したいと思います。

引用文献

　日本授業UD学会（2016a）．授業UD研究，プレ号

　日本授業UD学会（2016b）．授業UD研究，第1号

編者あとがき

　本書は大学における教職課程「教育相談」の教科書を想定して編集されました。教職課程の履修者，つまり教員免許を取得して教壇に立つことをめざしている学部生や大学院生を読者として想定しています。しかし，教師になろうかどうか迷っている人，教師になるつもりはないが教職課程を履修している人にとっても重要なトピックをとりあげ，教育問題に対する見方・考え方を学んでもらえるように編集されました。

　今の教育現場は多くの課題を抱えています。その中心的なテーマが，いじめや不登校であったり，学校危機であったりするわけですから，教育相談の知識や技法を習得することは非常に重要になってきています。筆者は学校現場に赴くことが多いのですが，「子どもへの具体的なかかわり方を知りたい」「あの不登校の子どもについてどう対応すればよいのか教えてほしい」という先生方に出会います。こうしたテーマを追求するために，社会人を対象とした大学院で仕事を続けながら勉強する，また，休職して勉強する教師も珍しくなくなりました。その意味でこの本は現場の先生方に手にとっていただき，読んでいただいても役立つように，きわめて実践的な内容にしました。しかし，それは心理学や関係する学問分野に裏打ちされた知見であり，またその先の知識についても各章末に紹介されている文献を読むことにより深められるようにしました。これは，『絶対役立つシリーズ』のよき伝統を踏襲したつもりです。

　今後教育職員免許法の一部が改正され，教職科目も変更される予定です。また，教職課程には国レベルで新しい動きがみられます。教員養成段階のみならず学校教育そのものの大きな変化の時期を迎えていて，時代の変わり目を痛感します。しかし，学校現場に一歩足を踏み入れてみると，教師は，変化していく時代の中で子どもと真摯に向き合い，授業を行い，学級を経営し，子ども一人ひとりと関係性を紡いでいます。管理職や生徒（生活）指導担当の先生方の

ご活躍も身近で見ております。養護教諭，特別支援教育コーディネーター，人権教育や不登校の担当の先生方の子どもを支援する現場を見るにつけ，教師の深い専門性を感じます。教師は，「教える仕事」でもありますが「子どもを援助する仕事」でもあります。本書は，「教える」よりも，「援助する」教師の機能にスポットライトを当てています。

　教育相談という領域は，心理学を基盤にしながらも様々な関連領域の知識を借りて，学校現場の課題を解決できなければなりません。本書には，学校現場で起きている様々な課題を組み込みました。

　また，本書を教科書として授業をされる先生方にお伝えします。この本は，理論と実践を組み合わせていますから，半期2単位の教育相談の科目の教科書や指定図書としてお使いいただけます。講義や事例研究の補足教材としてレポート課題を課して本書を学生に読ませるという選択肢も考えられます。加えて，学校臨床心理学，学校心理学のゼミでもお使いいただけます。今や，スクールカウンセラーやスクールソーシャルワーカーの仕事の多くは，教師に対するコンサルテーションです。教育実践の理解が重要になります。教職大学院の生徒指導や教育相談の教科書としても，アクティブ・ラーニングを活用しながら多様な背景を持つ院生同士の相互作用を促進し，深い学びを提供できると思います。

　本書の構成，編集は本田真大，串崎真志と水野治久が担当しました。三名の編者の共通の想いは「教育相談の今後のスタンダードとなるような教科書を作成したい」でした。その思いを形にしてくださったのが監修者の藤田哲也先生とミネルヴァ書房編集部の吉岡昌俊氏のお二人です。藤田哲也先生の教員養成，教育相談への理解と吉岡昌俊氏の丁寧な編集作業がなければ，この本は世に出ていなかったと思います。お二人にあらためて感謝したいと思います。

　　2017年7月

　　　　　　　　　　　　　　　　　編者を代表して　水野治久

監修者あとがき

　本書『絶対役立つ教育相談』を手にとってくださった読者のみなさん，どうもありがとうございます。教員免許を取得するための科目の教科書や参考書としてこの本に接している方，すでに教職に就かれている方，教師としてではないけれど教育現場にかかわる方など，「教育相談」というテーマが本書を読んでみようと思われた主な理由になっている方も多いことでしょう。そうではなくて，「絶対役立つ…で始まるタイトルの，他の本を読んだことがあったので」という方もいらっしゃると思います。本書の「教育相談」という内容に関連して，どのような切り口で読者のみなさんに重要なことを伝えようと意図しているのか，その工夫や特徴については，編者の水野先生が第0章「はじめに」と編者あとがきで説明してくださっています。万が一，未読でしたらぜひそちらをお読みいただければと思います。ここでは本書の監修者としての立場から，本書の企画が立てられた経緯や，他の「絶対役立つシリーズ」との関連について紹介したいと思います。

　本書が他の教職関係の教科書とどのような点で異なる特徴を持つのかは，「絶対役立つ」というキーワードを本のタイトルに謳っていることに集約されます。「絶対役立つシリーズ」は，本書が5冊目になります。この「絶対役立つ」という表現に込められた意図や覚悟（というとオーバーですが，要するに挑戦心）について，シリーズを振り返りつつ説明させていただければと思います。

　「絶対役立つシリーズ」の第一弾は『絶対役立つ教育心理学─実践の理論，理論を実践─』（2007年5月刊）でした。もっとも，この1冊目を企画した時点では，まだシリーズものとして刊行が続いていくことは想定していなかったのですが。この『絶対役立つ教育心理学』は，主に教職科目である「教育心理学」の教科書として使用されることを意図して，実際に学校教育現場で教職に携わる人や，学校ではなくても「子育て」という教育活動を家庭で行う人を読者と

して想定した編集・執筆を行いました。つまり，「教育を実践する上で絶対に役立つ」ことを目指した本であり，そのスタンスは本書『絶対役立つ教育相談』とほぼ一致しているところです。

　第二弾は『絶対役立つ教養の心理学—人生を有意義にすごすために—』(2009年4月刊) です。この本は「教養として絶対役立つ」ことを目指した本でした。主に学部1・2年生の，心理学を専攻としない学部・学科に所属する人たちにとって，学問としての心理学との最初で最後の出会いの場となる「教養の心理学の授業」のための教科書を意図して作りました。既存の「心理学入門」「心理学概論」のようなタイトルの教科書は，内容は入門的であっても，その本を読んだ後に，より専門的な各心理学分野を深く学び続けることを前提とした編集がなされています。つまり，専門への導入という役割を重視していることが多いのです。しかし，いわゆる教養の授業で心理学と出会う学生は，カリキュラム上はその後に心理学を学び続けるわけではありません。そこで，この本を読むだけで十分に心理学の醍醐味が伝わるように編集・執筆を行いました。言ってみれば，「読み切りで十分に心理学を学べる」ことを主眼としています。ただし，取り上げているのは，いわばスタンダードな心理学の基礎的な分野であり，収録している分野の違いではなく，語り口による違いが，他の「心理学の入門書」との大きな違いとなっています。

　第三弾の『絶対役立つ教養の心理学　展開編—人生をさらに有意義にすごすために—』(2013年5月刊) は，第二弾と同様に「教養の心理学」を取り上げたものです。第二弾が基礎的な分野を取り上げたのに対して，心理学という学問が応用的な広がりを持ち，扱っているテーマが「展開」していることを知っていただくことを意図して作成しました。

　第四弾の『絶対役立つ臨床心理学—カウンセラーを目指さないあなたにも—』(2016年9月刊) は，サブタイトルから企画趣旨を読み取ることができると思います。「臨床心理学に興味を持っている人」の中には「カウンセラーなどの臨床心理学の専門家を目指そうとは思っていない人」も多く含まれているであろうことを踏まえ，そういった人たちにとって最大限に役立つように配慮し

監修者あとがき

て書かれました。すなわち，既刊の臨床心理学の教科書は，概ね「カウンセラーなどの臨床心理学の専門家にとっての入門書」という作り方になっているのに対して，この本はより幅広い読者を想定して，多くの方に臨床心理学の理論や実践的知見を役立ててもらうことを目指しているといえます。

　以上が既刊の「絶対役立つシリーズ」の概要です。シリーズとしての「絶対役立つ」という表現は共通でも，「誰にとって絶対役立つのか」は，第一弾「教育心理学」と第二・三弾「教養の心理学」，さらに第四弾「臨床心理学」とで異なっています。しかし，揺るぎない共通点として，具体的実践事例を打ち出すことに終始した安易な「お役立ち感」を演出することなく，「学問として」の心理学の立脚点はきちんと押さえ，理論面と実践面を行き来することができるように配慮していることを挙げることができます。「学問の世界だけで通用する研究の意義」に留まるのではなく，研究成果を「日常生活の中で活かせる」ことは，学問の重要な価値の一つだと考えています（もちろん価値のすべてであるとは考えていませんが）。

　次に，本書「教育相談」の企画立ち上げの経緯についても説明しておきたいと思います。実は，既刊の第四弾までは，すべて藤田が最初に企画を立てました。第一弾から第三弾までは藤田が編者を務めましたが，第四弾の「臨床心理学」では藤田は「監修者」になり，実質的に編集に当たっていただく「編者」とを分けました。やはり編者はその本の構成について最適な判断を下せる方が務めるべきですし，藤田の学問的専門はある意味で臨床心理学とは対極にあるともいえる認知心理学ですので，かねてより藤田とも交流があり，本シリーズの趣旨を的確にご理解いただける方として，臨床心理学を専門とする串崎真志先生に編集をお願いすることにしました。結果としてこの判断は大成功で，臨床心理学という学問分野についての正確さやバランスを高水準で維持しつつ，カウンセラーを目指さない方にも役立つと感じてもらえる，すなわち，本シリーズ中の一冊としての統一性も保てる本となりました。

　監修と編集の作業を分けたとはいえ第四弾までは最初に藤田の企画ありきで始まったのに対して，本書「教育相談」は，言ってみれば「持ち込み企画」の

形で始まりました。とはいえ，企画を立ててくださったのは，第四弾で編集・執筆の労を執ってくださった串崎先生と，同じく執筆を担当してくださった水野治久先生であり，当然のことながら「絶対役立つ」の本質的意義をご理解いただけている方たちです。そのお二人からお声がけしていただいた本田真大先生にも本シリーズの趣旨をしっかり理解していただけていましたので，いただいた企画は「絶対役立つシリーズ」として申し分のないものになっており，問題なくスタートを切っていただいたという経緯がありました。

　第一弾「教育心理学」の企画を立てたときには，これほどまでに企画趣旨が多くの方に賛同していただけるとは思っていなかったのですが，これまでにはなかった新しい形でシリーズが広がっていくことになり，今後の展開についても大いに期待が持てると思っている次第です。読者の皆様も，ぜひこのシリーズの続刊を楽しみにお待ちいただければと願います。

　また本書は，絶対役立つシリーズにおいて「心理学」をタイトルに冠していない最初の一冊となりました。しかし執筆してくださった先生方は，心理学の分野で活躍されている方ばかりですので，その点でもシリーズ既刊本との統一感は少しも失われていません。

　第1章「生徒理解のための心理学」で本田先生が教育相談において重要である「生徒理解」について，心理学の枠組みから学ぶ意義について述べておられることは，常々藤田が考えていることとまったく一致しています。教育する側は，自分の体験や経験知を重視しながらも，それを偏重することなく，幅広く多様な視点（すなわち，自分の経験を通した視点のみでなく）から子どもたちを捉えることが肝要であり，そのために理論的枠組みを学ぶことに意味があるのだと思います。もちろん，そういった「多様な視点から，多面的に子どもたちを見ることの重要性」については読者の皆さんも同意してくださるでしょう。しかしより重要なのは，そういった目標を頭で理解しているだけの状態に終わらず，実際の行動を通じて具現化していることだと思います。本書には，その具体的な行動につながる，様々なアプローチが記されています。中にはより専門的な理解を必要とするトピックや，研修などを通じて体得しなくてはならない

監修者あとがき

内容も含まれています。しかしそういった「ちょっと小難しそうなこと」や「トレーニングするのが面倒に感じること」こそ，それが「どう役立つのか」をあらかじめ理解しておくことによって，学ぶための意欲が高まり維持できるという点で，まさに「絶対役立つシリーズ」としての面目躍如の構成になっていると思います。

　水野先生，本田先生，串崎先生には，教育現場で起こっている問題やニーズの変化に対応した「教育相談」の在り方について，必要にして十分な内容を精選した構成を練っていただき，この場を借りてお礼を申し上げたく思います。もちろん，各章を執筆していただいた先生方にも，本シリーズの趣旨を踏まえ，紙幅に限りのある中で的確に内容をまとめていただき，厚くお礼申し上げます。

　最後に，この「絶対役立つシリーズ」で第一弾の企画立案時からお世話になっているミネルヴァ書房の吉岡昌俊さんには，本来ならば監修者である藤田がするべき作業についても，丁寧かつ的確にサポートしていただき，感謝の言葉もありません。どうもありがとうございました。

　シリーズ既刊本と同様，こうやって本書をお読みくださる方がいればこそ，「絶対役立つシリーズ」が今後も広く展開を続けることができるわけですし，読者の皆様一人ひとりにもお礼を申し上げたく思っています。

　皆様，ありがとうございます。今後ともよろしくお願いいたします。

　　2017年8月

　　　　　　　　　　　　　　　　　　　　　監修者　藤田哲也

さくいん（＊は人名）

あ 行

愛着　166
アイデンティティ　16
アクティブ・ラーニング　176
アサーション・トレーニング　82
アセスメント　25, 41
アンガーマネジメント　157
いじめ　109
いじめの芽　122
いじめ防止対策推進法　76, 121
いじめ未然防止活動　76
いじめられ体験　149
いじめられる側の無力化　124
いじめる側の集団化　124
1次的援助サービス　6, 40
一次予防　156
遺伝子　141
居場所　140, 145
インクルーシブ教育　76, 146
運動　150
エビデンスに基づく実践　94
援助資源　62
援助チーム　41, 48, 62
援助ニーズ　13, 41, 62
援助要請　60
援助要請スキル　77
オーダーメイドの教育　179

か 行

介入　158
開発的カウンセリング　40
開発的教育相談　94
カウンセリング　4
加害者／被害者比率　124, 125
学習意欲　168
家族画　32
学級集団発達過程　174, 175
学級生活不満足群　172

学級崩壊　168
学校安全計画　153
学校カウンセリング　39
学校危機　154
学校心理学　5
学校生活スキル　116
学校保健安全法　153
感覚異常　138
関係内攻撃　120
観察法　26
観衆　121
感情コントロール　142
危機　154
危機意識　130
危機等発生時対処要領　153
規範意識　169
キャッテル-ホーン-キャロル理論　30
キャリア教育　96
キャリア発達　97
キャリア発達理論　97
ギャング・グループ　15
教育支援センター（適応指導教室）　107, 115
教育心理学　3
教育相談　2
教育相談コーディネーター　6
教育的ニーズ　142
教員免許　4
強化　144
共感的理解　52
教師の世代交代　168
教師への反抗　168
共助　164
共生社会　146
共有化　180
偶発理論　104
クライシスマネジメント　156
グラフィックコミュニケーション　32
＊クランボルツ（Krumboltz, J. D.）　104
グループワーク・トレーニング　72

さくいん

形式分析　33
傾聴　52
ゲーム依存　138
限局性学習症（SLD）　137
言語理解指標　28
構成的グループ・エンカウンター　73, 116
合成得点　28
構築理論　104
肯定的な声かけ　140
行動観察　27
行動コンサルテーション　56
行動のワーク　84
校内委員会　142
校内研修　143
公認心理師　52
コーディネーター　44
コーピング　81
＊ゴットフレッドソン（Gottfredson, L. S.）　99
子ども主導による取組　126
子どもの行動チェックリスト　149
子どもの精神障害　149
個別の教育支援計画　143
個別の指導計画　143
コミュニケーションスキル　157
コミュニティ・スクール　8
コラボレーション　60, 66
コンサルタント　55
コンサルティ　56
コンサルテーション　7, 41, 55, 174
混沌・緊張期　175
コンパッション（慈悲）　93
コンパッション教育　93

さ 行

サイコロジカル・ファーストエイド　161
＊サヴィカス（Savickas, M. L.）　104
作品法　28
3次的援助サービス　5, 41
三次予防　160
支援方策　144
視覚化　180
自己一致（誠実さ）　52

自己概念　97
自殺予防教育　76, 157
思春期　15
自助　156
自助資源　13, 62
自尊感情　110, 138
質問紙調査法　27
児童期　15
児童虐待　110, 165
児童虐待防止法　165
児童生徒の問題行動等生徒指導上の諸問題に関する調査　122
児童福祉法　165
自分づくり教育　100
自閉スペクトラム症（ASD）　137
集団づくり　3
習得尺度　30
授業のユニバーサルデザイン　179
主体感覚　53
受容的指導態度　170
純粋被害者　124
障害者基本法　143
障害者権利条約　143
障害者差別解消法　143
障害者総合支援法　143
小集団形成期　176
焦点化　180
衝動性　138
情動のワーク　84
承認尺度　172
承認得点　174
職業適合性　97
職場体験学習　99
処理速度指標　29
事例研究法　28
侵害行為認知群　173
神経発達障害　137
人権学習　157
信頼区間　30
信頼性　34
心理教育　39, 159-161
心理教育的アプローチ　82

189

心理教育的援助サービス　12, 40
心理検査　28
心理検査法　27
＊スーパー（Super, D. E.）　97
スクールカウンセラー　6, 41, 66, 90
スクールソーシャルワーカー　6, 66
スクールモラール　170
ストレス　81, 150
ストレス反応　81
ストレスマネジメント　82, 157
ストレスマネジメント教育　7, 82
ストレッサー　81
スマホのいじめ　134
精神障害　110
精神病様体験　149
性同一性障害　23
生徒理解　11
セクシュアル・マイノリティ　23
積極的な生徒指導　157
全検査 IQ　28
全体評価　32
総合のワーク　84
相互コンサルテーション　62
ソーシャル・サポート　150
ソーシャルスキル　69, 93, 115, 157
ソーシャルスキル教育（ソーシャルスキルトレ
　ーニング）　7, 70, 116

た 行

対人関係ゲーム　73
第二次性徴　15
多動性　138
妥当性　34
チーム援助　48, 60, 62, 146
チーム学校　49, 66
チームとしての学校　6, 35, 49, 63
知覚推理指標　28
力の資源にもとづく優劣差　120
知能検査　28
チャム・グループ　16
注意欠如・多動症（ADHD）　137
中央教育審議会　4

中枢神経系　138
中・長期対応　160
中途退学　108
治療的カウンセリング　40, 41
通告　165
投映法　32
動機付け　138
登校　112
道徳不活性化　130
導入のワーク　84
特性・因子理論　96
特別支援教育　142, 180
特別支援教育コーディネーター　7, 142
匿名性　129
トラウマ反応　159

な 行

内在化問題　149
内容分析　33
難病　143
二次障害　110, 138
２次の援助サービス　5, 41
二次的外傷性ストレス　166
二次被害　159
二次予防　158
日本授業 UD 学会　179
認知件数　123
認知尺度　30
認知のワーク　84
ネグレクト　110
ネットいじめ　122

は 行

＊パーソンズ（Parsons, F.）　95
バウムテスト　32
発生件数　123
発達観想科学　94
発達障害　110, 137
発達障害者支援センター　139
発達障害者支援法　139
発達心理学　15
パニック　141

190

さくいん

反応性アタッチメント障害　166
ピア・グループ　16
ピア・サポート　73, 126, 157
ピア・メディエーション　157
非承認群　173
被侵害尺度　172
被侵害得点　174
描画テスト　32
フォーカシング　53
不注意　138
不適応行動　145
不登校　107
負の強化　27
ブラインド・コンパッション　93
ブランド・ハップンスタンス理論　104
フリースクール　115
雰囲気　168
別室登校　113
傍観者　121
ホリスティック教育　94

ま 行

マイクロカウンセリング　42
マルチメディアデイジー教科書　140
慢性ストレス　149
認められること　145
無条件の肯定的配慮（眼差し）　52
面接法　26
モチベーション　166
問題行動　168

や 行

ユニバーサルデザイン　146
要求的指導態度　170
養護教諭　7
要支援群　172, 173
要保護児童　165
予防　156, 168

予防意識　130
予防行動　130
予防的アプローチ　82
予防的カウンセリング　40, 41
四層構造論　130

ら・わ行

ライフ・キャリア・レインボー　97
ラポール　35
リスクマネジメント　156
リファー　44
流動性能力　28
リレーション　169
臨床心理学　3, 17
臨床心理士　52
ルール　169
連携　142
＊ロジャーズ（Rogers, C.）　52
ワーキングメモリー　145
ワーキングメモリー指標　28

アルファベット

A-D 尺度　170
DN-CAS 認知評価システム　31
HTPP テスト　32
ICT　140
KABC-Ⅱ　30
LGBT　24
LGBTQ　24
M 型指導行動　170, 176
M（maintenance）行動　170
PTSD　166
P 型指導行動　170, 176
P（performance）行動　170
Q-U　171, 172
SOGI　24
WISC-Ⅳ　28

《執筆者紹介》

藤田哲也（ふじた　てつや・監修者，監修者あとがき）
　　法政大学文学部　教授

水野治久（みずの　はるひさ・編者，第０章，第12章，編者あとがき）
　　大阪教育大学教育学部　教授

本田真大（ほんだ　まさひろ・編者，第１章，第４章，第５章）
　　北海道教育大学教育学部函館校　准教授

串崎真志（くしざき　まさし・編者，トピック６）
　　関西大学文学部　教授

上西裕之（うえにし　ひろゆき・第２章）
　　関西大学心理臨床センター　相談員

中井大介（なかい　だいすけ・第３章）
　　愛知教育大学教育学部　准教授

石津憲一郎（いしづ　けんいちろう・第６章）
　　富山大学大学院教職実践開発研究科　准教授

萩原俊彦（はぎわら　としひこ・第７章）
　　東北学院大学教養学部　准教授

五十嵐哲也（いがらし　てつや・第８章）
　　兵庫教育大学大学院学校教育研究科　准教授

金綱知征（かねつな　ともゆき・第９章）
　　香川大学教育学部　准教授

望月直人（もちづき　なおと・第10章）
　　大阪大学キャンパスライフ健康支援センター　准教授

瀧野揚三（たきの　ようぞう・第11章）
　　大阪教育大学学校危機メンタルサポートセンター　教授

葛西真記子（かさい　まきこ・トピック１）
　　鳴門教育大学大学院・学校教育学研究科　教授

河﨑俊博（かわさき　としひろ・トピック２）
　　追手門学院大学心理学部　特任助教

本田泰代（ほんだ　やすよ・トピック３）
　　函館大学ピア・サポートセンター　臨床心理士

村上祐介（むらかみ　ゆうすけ・トピック４）
　　桃山学院教育大学人間教育学部　准教授

竹内和雄（たけうち　かずお・トピック５）
　　兵庫県立大学環境人間学部　准教授

原田剛志（はらだ　たけし・トピック７）
　　関西大学　非常勤講師

石塚謙二（いしづか　けんじ・トピック８）
　　桃山学院教育大学人間教育学部　教授

絶対役立つ教育相談

——学校現場の今に向き合う——

| 2017年10月30日　初版第1刷発行 | 〈検印省略〉 |
| 2020年11月30日　初版第5刷発行 | |

定価はカバーに
表示しています

監 修 者	藤 田 哲 也
	水 野 治 久
編 著 者	本 田 真 大
	串 崎 真 志
発 行 者	杉 田 啓 三
印 刷 者	田 中 雅 博

発行所　株式会社　ミネルヴァ書房

607-8494　京都市山科区日ノ岡堤谷町1
電話代表（075）581-5191
振替口座 01020-0-8076

©藤田・水野・本田・串崎ほか，2017　創栄図書印刷・清水製本

ISBN978-4-623-08109-7
Printed in Japan

絶対役立つ教育心理学——実践の理論、理論を実践
———————————— 藤田哲也 編著　Ａ５判　234頁　本体2800円
心理学の理論や知見が教育現場でどのように活用できるかを徹底的に分かりやすく解説。

絶対役立つ臨床心理学——カウンセラーを目指さないあなたにも
———————————— 藤田哲也 監修　串崎真志 編著　Ａ５判　268頁　本体2500円
日々の学生生活・社会人生活の中で役立つものとして，臨床心理学の基礎的な知見を学ぶ。

絶対役立つ社会心理学——日常の中の「あるある」と「なるほど」を探す
———————————— 藤田哲也 監修　村井潤一郎 編著　Ａ５判　256頁　本体2500円
日常の中で社会心理学がどのように役立つのかを実感できるように，基本的な知見を解説。

絶対役立つ教養の心理学——人生を有意義にすごすために
———————————— 藤田哲也 編著　Ａ５判　226頁　本体2500円
心理学の知見の持つ意味や，実生活の中でそれがどのように役立つのかを具体的に解説する。

絶対役立つ教養の心理学 展開編——人生をさらに有意義にすごすために
———————————— 藤田哲也 編著　Ａ５判　226頁　本体2800円
教育・言語・認知・脳・感情・キャリア・集団・スポーツの各分野ごとに解説する。

よくわかる学校心理学
—— 水野治久・石隈利紀・田村節子・田村修子・飯田順子 編著　Ｂ５判　196頁　本体2400円
理論的な解説を土台に，学校心理学を様々な立場の人がどう活かすかについて具体的に示す。

このまま使える！子どもの対人関係を育てるSSTマニュアル
——不登校・ひきこもりへの実践にもとづくトレーニング
——大阪府立子どもライフサポートセンター・服部隆志・大対香奈子 編　Ｂ５判　220頁　本体2400円
対象児の獲得したいスキルや目標にあわせて工夫できる，施設や学校で明日から使える一冊。

ロールプレイで学ぶ教育相談ワークブック［第2版］
——子どもの育ちを支える
———————————— 向後礼子・山本智子 著　Ｂ５判　162頁　本体2000円
不登校，いじめ，発達障害等に関する問題を取り上げ，子どもへのケアと対応を考える。

よくわかる教育相談
———————————— 春日井敏之・伊藤美奈子 編　Ｂ５判　210頁　本体2400円
学校現場の課題への基本的なとらえ方や具体的な取り組みのあり方などについて学ぶ。

「気になる子ども」の教育相談ケース・ファイル
———————————— 新井英靖 著　Ｂ５判　192頁　本体2200円
15のケースの演習を通して，特別支援教育の教育相談について学ぶ。

———————————— ミネルヴァ書房 ————————————
https://www.minervashobo.co.jp